LE.

# TORRENT DES PASSIONS.

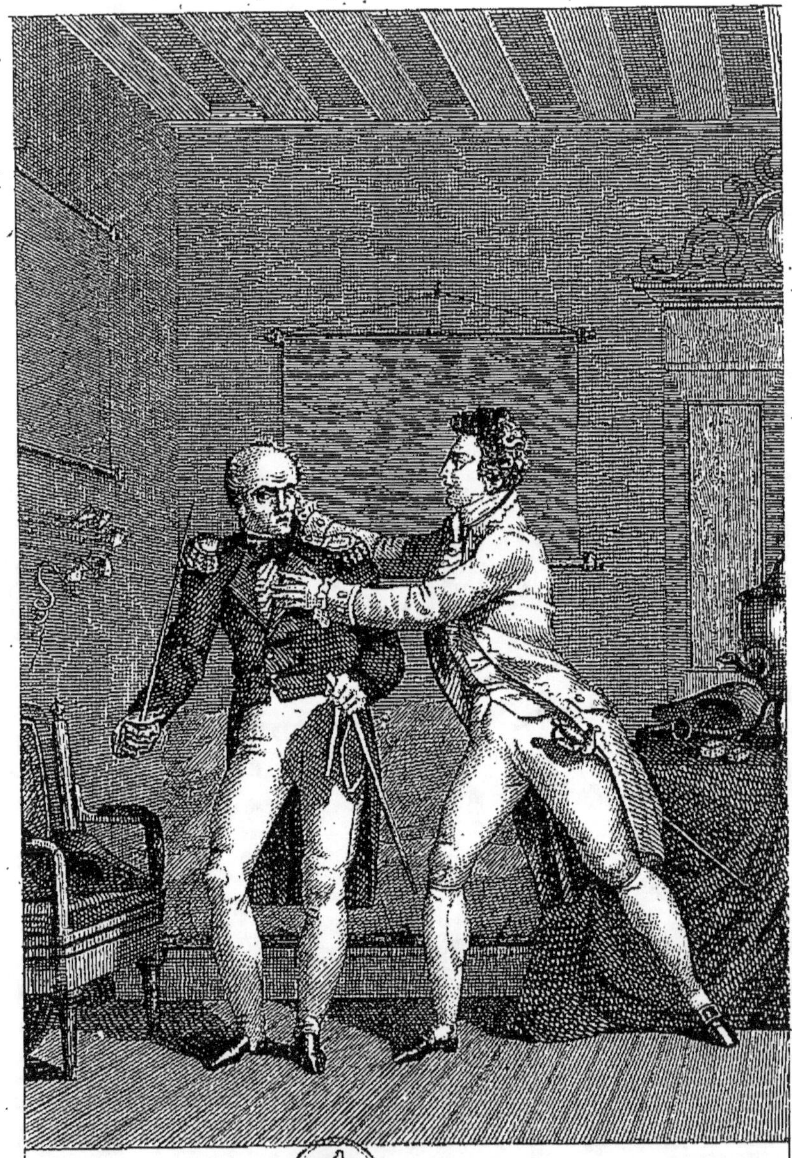

Arrêtez! Capitaine ... vous êtes assez laid comme cela!.....

Chasselat del.

Couché fils Sculp.

# LE
# TORRENT DES PASSIONS,

OU

## LES DANGERS DE LA GALANTERIE,

AVENTURES

du Général-Major comte de G***., dans les diverses contrées
de l'Europe.

MÉMOIRES RÉCENS D'UN GÉNÉRAL ALLEMAND.

## TOME SECOND.

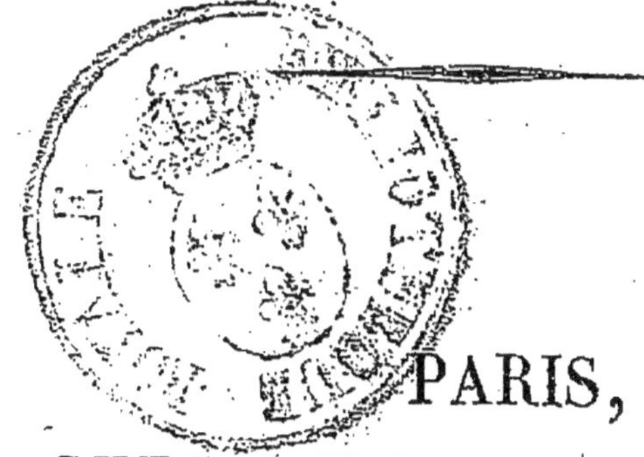

PARIS,

CHEZ J. N. BARBA, LIBRAIRE,

Editeur des *Œuvres de Pigault-Lebrun*,

Palais-Royal, derrière le Théâtre Français, n°. 51.

1818.

# LES DANGERS

## DE

## LA GALANTERIE.

Quelques jours après, je commençai mon travail d'inspection, et je fis défiler les troupes. Je vis d'abord un régiment des gardes en assez bonne tenue, quoique servilement calquée sur l'uniforme russe. Le régiment d'infanterie qui suivait, marchait fort mal, et avait des coiffures de tout genre, chapeaux, schakos, casques, etc. ; en revanche il avait une musique excellente, et douze trombones à faire fuir des bataillons entiers, tant ils faisaient de vacarme.

La cavalerie, montée sur des haridelles, sur de véritables chêvres à longues queues, avait 25 trompettes et environ 50 hommes montés.

II.

Notre artillerie formidable se composait des quatre pièces de 6, achetées à l'évêque de Francfort, et qu'on eût pris pour les saints canons de l'Eglise, tant elles défilaient humblement et presque *incognito*.

Mais les caissons, en revanche, faisaient grand bruit, et mon prédescesseur, le vieux Gormann, les regardait avec complaisance. Je voulus visiter les gargousses : quelle fut ma surprise de trouver pour munitions force jambons, pâtés et vins destinés aux galas d'inspection ! car il paraît que les déjeûners, aux revues, étaient la partie la plus soignée par le vieux et friand Gormann.

Cette inspection héroï-comique, pendant laquelle mon prédécesseur se pavanait, finit par une scène burlesque. L'ex-inspecteur Gormann, un peu ivre, et tenant mal son équilibre à cheval, vint faire une culbute à la tête de la ligne , aux pieds de la Duchesse , et me remettre ainsi son commandement où je m'empressai de le relever de toutes manières.

Je vis que j'aurais beaucoup à faire ; dès ce jour je me mis sérieusement à mes fonctions ; et je supprime ces détails militaires pour en venir à la partie sentimentale , but de ces mémoires.

La duchesse Alexiéna prit un fièvre putride ; c'est ici que, sans but , sans affectation , je lui montrai un véritable dévouement. Sa maladie fut horrible ; la chaleur était extrême, et les médecins , un moment , crurent Son Altesse en danger. Le gros Maréchal , fort attaché à sa propre personne , prit à dessein ce moment pour aller visiter les domaines du prince ; tandis que moi, assez indifférent sur mon sort , d'après mon état de souffrance , je passais des journées entières à soigner et distraire la pauvre malade , que ses gens même semblaient approcher avec effroi.

Je lui fis quelques lectures quand elle se trouva mieux ; puis m'apercevant que mes soins lui étaient moins nécessaires, je repris mes occupations ordinaires sur le terrain , pour exercer et inspecter les troupes.

Entièrement rétablie, la Duchesse me fit des reproches sur l'abandon où je la laissais. Elle apprit, je ne sais comment, que j'avais dans ma chambre un grand portrait au pastel, devant lequel je passais des heures entières. Elle m'en fit un jour des plaisanteries avec grâce. Je lui répondis que c'était un ouvrage d'imagination, échappé au désordre de mes crayons. Je n'osai avouer que c'était le portrait d'une femme adorée, celui de miss K**. Elle me demanda alors la permission de copier cette tête *idéale*, qu'on trouvait charmante. Je fus fort embarrassé; mais pour ne point déclarer mon mensonge, je me vis obligé d'aller chercher l'image chérie dont je me dessaisis avec peine.

Son Altese me fit, en la recevant, de nouvelles railleries sur mon adoration des images, tout en répétant l'éloge de de celle-ci : et plusieurs jours après, elle me rendit mon dessein roulé, en me parlant d'autres objets et ayant l'air assez distrait.

Rentré chez moi, je me hâtai de remettre en place le portrait de miss K... Quelle fut ma surprise de lire tout au bas, ces mots écrits faiblement au crayon; mais pourtant encore assez lisibles : — *Qu'elle est heureuse....* *d'être belle ! Qu'elle est heureuse !* étaient les plus lisibles. Le reste était effacé avec plus de soin.

Quelques jours se passèrent où Son Altesse se borna à me plaisanter sur mon goût de solitude, et sur ma passion pour le travail et les dessins. Un matin, je reçus un billet où elle m'annonçait que le prince Pr.. t étant arrivé à la ville voisine, après un long voyage, depuis Achafenbourg, sa résidence ordinaire, il était indispensable qu'elle allât lui faire une visite, dans laquelle elle me priait de l'accompagner comme étant le personnage le plus en évidence à sa cour.

Je me rendis au palais à l'heure prescrite, et nous partîmes pour A... où était alors le prince Pr...t. Nous avions trois lieues à faire : la Duchesse me paraissait agitée, préoccupée, quoiqu'elle eut mis en tiers son fils âgé de six ans, enfant charmant, plus fait au reste pour rappeler l'amour que le faire oublier. Elle évitait mes regards, et affectait de jeter sans cesse les yeux sur la campagne, ou de parler au jeune prince. Cette gêne ne me parut pas naturelle. La conversation était décousue. J'étais assis en face de Son Altesse sur le devant d'une vaste berline à six chevaux, qui allait très-rapidement sur une route fort mauvaise. Plusieurs fois j'essayai de ranimer la conversation, et toujours je recevais des réponses incohérentes, ou bien une rougeur marquée couvrait le front de Son Altesse. Il me parut cependant, par quelques mots échappés, qu'elle avait démêlé les motifs du vieux Gormann, pour me nuire, et que sa froideur calculée avait un motif plus secret encore que la prudence. Elle me dit négligemment avoir reçu une lettre du prince son père, qui me remerciait de mes soins pour elle pendant sa maladie ; mais de manière à me faire croire que le vieux Maréchal de cour avait noirci mes services à cette époque, et avait cherché à inquiéter son maître qui avait passé outre sur ce point.

Je répondis à Son Altesse, « que » rien au monde ne pourrait m'em- » pêcher de la prévenir en tout, et » que mon devoir et la pureté de » ma conduite d'ailleurs suffiraient » pour me justifier. — En effet, » ajouta-t-elle, qui peut ignorer au » palais que vous avez une belle pas- » sion dans l'âme? » — ( Elle prit » alors un rire forcé qui m'étonna un » peu.) — J'en ai fait part au prince » mon père, dans une lettre. Je lui ai » dépeint le petit sanctuaire où vous » sacrifiez chaque jour à vos tendres » souvenirs, en présence de l'image » de votre divinité, et je suis sûr qu'il » en aura bien ri, car il n'est pas ro- » manesque, lui! » — Elle s'efforça de continuer sur ce ton jusqu'à V...., où nous arrivâmes assez tard. Il était nuit quand nous fûmes rendus au palais du Prince Pr....t.

Nous fûmes présentés aussitôt à ce prince, et je fus fort surpris de voir à ses côtés, parmi quantité de gentilshommes, le léger Séricour, que je ne m'attendais guère à trouver là. Après son aventure de Bologne avec madame de S....y, et après avoir échappé à la mort dans Vérone, en sacrifiant toute sa fortune, Séricour avait passé en Allemagne. Il s'était insinué à la cour de Munich, puis à Stutgard; ainsi que je l'appris de sa bouche en particulier : puis, enfin, il avait obtenu les bonnes grâces du prince Pr...t, qui l'avait nommé gouverneur du château de F.... avec un service de chambellan par quartier.

Ce fut justement Séricour, qui fut chargé de nous introduire. Le prince Pr....t fut très-aimable. Il voyait une princesse, d'un sang illustre, venir le saluer. Cette déférence le flatta, et il fut rempli d'attentions, de galanterie même pour Son Altesse.

Quant à Séricour, pendant une assez vive et brève conversation qui eut lieu entre la duchesse et le Pr...t il me prit à part, et me dit tout bas ce peu de mots : — » Mon cher ami, » la duchesse Alexiéna a les yeux » bien tendres. Je les ai vus souvent » fixés sur toi. Je m'y connais. Sois » prudent à ton tour. » — Je lui répondis en riant » que cette recom- » mandation dans sa bouche était une » double injure; lui aussi inconstant » en amour qu'en politique! » Il sentit mon reproche, car il avait passé au service d'un prince de la confédéra- tion du Rhin. — « Ah! ah! parce » que je suis aujourd'hui au prince » Pr....t? Que veux-tu, mon ami? les » petits états sont comme les belles, » un peu inconstans par faiblesse;

» mais nous vous reviendrons. Sois
» tranquille.

La duchesse se leva et partit. Le
Pr....t la reconduisit jusqu'à la première anti-chambre, où je repris sa
main, et nous montâmes en voiture.

Au retour, la nuit était très-belle,
très-claire, les lanternes jetaient à
peine dans la voiture, une faible lueur
vacillante et la berline allait très-vîte.
La duchesse paraissait impatientée,
et agitait son éventail avec la plus
grande vivacité. Elle semblait presser
son fils sur son cœur, avec un air de
tendresse mêlé de précaution contre
quelque autre sentiment. Cependant
j'essayai d'engager une conversation
indifférente, mais qui ne l'était guères
par nos interruptions continuelles
sans motifs. Pendant ce dialogue in-
signifiant au fonds, mais expressif
par sa nullité même, l'enfant s'était
approché de la portière, et debout, la

main en dehors, en regardant la route, il jouait avec l'anneau du res- sort qui fait ouvrir la voiture. A l'ins- tant un cahot horrible, au tournant de la route d'Erfurt, faillit à faire verser la berline. Soit que la portière fût mal fermée, soit que l'enfant en jouant, eut achevé d'en retirer le ressort, le cahot la fit ouvrir. Elle en- traîna le jeune prince, lequel tom- bait déjà sous la roue, si, par un mouvement plus prompt que l'éclair, je ne l'eusse soutenu en m'élançant avec lui sur la route, où nous tom- bâmes l'un et l'autre sans accidens. Qu'on juge de la situation horrible de la pauvre mère prête à s'élancer elle-même inutilement après nous ! — « *Il est sauvé! restez*, madame, » criai-je avec force. Nos cris, le bruit de notre chûte firent arrêter la voi- ture. Les héduques polonais, placés derrière, accoururent et nous relevèrent. L'aimable enfant, assez intelligent pour sentir déjà le service que je lui avais rendu, me sauta au cou, et je le reportai à sa mère, qui, hors d'état de se soutenir, était retombée sur son coussin; et ne revint à elle que pour baigner de larmes son fils adoré.

On sent que ce service fut le texte de la conversation jusqu'au retour. Et quoique je fisse tous mes efforts pour en changer, la reconnaissance était un voile trop naturel ici pour que la duchesse n'en profitât pas, afin de me dire des choses obligeantes.

Cependant son émotion avait été si forte, qu'elle eut une attaque de nerfs où, en la soutenant, je crus sentir quelques étreintes, quelques mouvemens passionnés que je ne pouvais m'expliquer.

Nous entrions enfin dans sa résidence de.... La clarté du réverbère

du corps-de-garde, le bruit des tambours qui battaient à notre passage, ranimèrent la Duchesse qui se réveilla avec un profond soupir, en disant : — « Mon dieu? que j'ai souf-
» fert? je vous demande pardon. Vous
» ai-je fait du mal? — Oh oui, ma-
» dame : beaucoup à l'âme? lui dis-je,
» — Ah? c'est bien malgré moi! »
et ses grands yeux noirs paraissaient encore remplis et brillans des larmes qu'elle avait versées.

Nous arrivâmes au palais. La duchesse descendit le marche-pied avec plus de force que je ne l'avais espéré. Elle fit réitérer à son fils son remercîment pour le service que je lui avais rendu. Puis elle s'élança dans les bras de ses femmes, et rentra vivement, en me faisant son adieu ordinaire avec grâce, mais avec un embarras visible.

Le lendemain je trouvai Son Altesse

un peu froide; il semblait qu'elle re-
doutât l'effet de sa reconnaissance.
Le déjeûner fut taciturne. Elle me
parla peu, et évitait mes regards avec
une espèce de contrainte et de rougeur, s'adressant presque toujours aux
autres personnes de son cercle.

Cependant un incident nouveau
la rendit plus aimable avec moi, le
même soir. Elle donnait une fête dans
son parc. Toute la noblesse des environs s'y était rendue. On n'attendait
plus que Son Altesse pour ouvrir le
bal, dans une rotonde magnifique.
Il fallait traverser un petit coin du
parc, pour y arriver. La duchesse voulut y aller à pied depuis son salon.
Sa toilette et sa chaussure étaient
très-élégantes. Un petit ruisseau cou-
lant sur des cailloux, et formé par un
jet d'eau de la fête, arrêta ses pas. Il
fallait retourner ou le franchir. Le
vieux maréchal allait, comme Nico-

dême, chercher des planches et un tapis; lorsque détachaut vivement mon doliman, doublé de zibeline la plus rare, que j'avais reçue à Constantinople, je jetai ma fourure sur les cailloux du ruisseau, et donnant la main à S. A., je lui fis lestement traverser ce pont galant; mon doliman superbe fut perdu; mais par malheur pour l'avenir, mon geste empressé ne le fut pas.

Chaque jour de nouvelles circonstances ajoutèrent à notre intimité et à la confiance de Son Altesse, quoique toujours des épigrammes sur mon inconstance vinssent se mêler à quelques marques d'intérêt. On paraissait même douter fortement que je fusse susceptible de la moindre sensibilité. Avouerai-je que le piquant de cette situation, des alternatives de tendresse, d'abandon et de retenue méfiante de la duchesse, avaient fortement échauffé mon imagination, lorsqu'un événement inattendu vint décider l'issue de ce roman?

Son Altesse fit une chûte de cheval ; sa chûte fut très-dangereuse. On rapporta Son Altesse au château, évanouie et avec plusieurs contusions. Chacun cherchait en vain à la ranimer. On craignait que quelque fracture intérieure n'eût offensé les organes nobles, et décidé sa fin. Elle était complettement immobile, et la consternation était générale dans le palais. J'étais absent. On courut me chercher. J'arrivai hors de moi à cette triste nouvelle. On avait fait retirer tout le monde. Le médecin seul et les femmes de la duchesse étaient auprès d'elle. Désolé de cet affreux événement, et frappé de l'état cruel où je voyais cette femme aimable, qui m'était déjà trop chère, la croyant perdue je me sentis oppressé, pres-

que défaillant, et mes yeux se rem-
plirent de larmes involontaires. En
ce moment, Son Altesse reprit sa connaissance presqu'en mes bras, et son
premier regard tombant alors sur
moi, sa figure accablée et souffrante
prit tout-à-coup une expression de
joie inconcevable. Elle se retourna et
se cacha le visage en tressaillant et
soupirant tout bas. — « Il est donc
» sensible ! ah je suis perdue ! —
» Perdue ! non, madame, quelle idée !
» s'écriait son docteur French ! Il n'y
» a pas la moindre fracture, la com-
» motion a été forte. Une saignée
» suffira. »

Il ordonna alors du repos. La duchesse fut saignée, et le soir même
elle me fit prier de passer chez elle.
Je la trouvai dans son lit, blanche,
vermeille ; un léger frisson semblait
encore redoubler sa vivacité et sa contrainte. — » J'ai vu la peine réelle

» que vous causait mon état, dit-elle,
» les yeux baissés, et j'ai voulu vous
» rassurer le premier. Comte, je vous
» remercie de votre vive inquiétude
» pour moi... Je n'osais y croire. —
» Ah! Votre Altesse peut-elle douter
» de l'affection profonde de tout ce
» qui l'entoure? — Il est des |per-
» sonnes qu'on n'aurait osé en croire
« susceptibles, d'après les fausses im-
» pressions qu'on m'avait données :
» que j'ai de plaisir à me voir détrom-
» pée! et pourtant combien ce plaisir
» peut me coûter cher? — Oserai-je
» demander comment un sentiment
» si pur et si bien dû.... — Hélas!
» j'ai été si peu accoutumée à être ai-
» mée, que ma surprise et ma crainte
» peuvent... — Eh! quel danger, ma-
» dame, dans une amitié vraie et in-
» nocente? — Innocente, comte! ah!
» je le voudrais! — Dieu! Votre Al-
» tesse soupire? Ses yeux humides!

» Quel chagrin ? — Ah comte !... Si
» vous saviez..... Laissez-moi respirer
» un moment..... Demain! demain
» revenez me voir. Votre présence
» me fait du bien. » Je partis.

Son état touchant, un son de voix
plein de douceur et de charme, une
sensibilité ravissante, me laissèrent
une impression si vive, qu'il me fut
impossible de fermer l'œil de la nuit.
Je n'osais plus descendre en mon
âme. Le portrait de miss K.... me semblait déjà un témoin pénible de mon
inconséquence, et ses yeux que je
trouvais si doux jadis, me parurent
alors animés par le feu d'un reproche
mérité. Mais la longue absence, la
perte de tout espoir, pour l'hymen
projeté avec Emma, enfin, un entraî-
nement involontaire vers une princesse d'un sang illustre, dont les premiers soupirs s'adressaient à moi,
toutes ces idées flatteuses m'énivrè-

rent, et me jetèrent dans un nouveau sentiment et de nouveaux malheurs.

Quelques jours après, Son Altesse encore sur sa chaise longue, me fit dire qu'elle désirait que je vinsse lui faire une lecture. Je lui lus le roman de *Mathilde*. Au récit des sacrifices touchans de l'Arabe passionné, du brûlant Maleck-Adel, que de soupirs l'analogie de nos situations fit échapper de part et d'autre ! Le silence, des yeux baissés furent nos interprètes ; mais quel amant ose avouer à une femme d'un tel rang ses tendres sentimens secrets, s'il n'est pas sûr d'être accueilli et encouragé même ? Hélas ! par ce motif, les princesses les plus délicates sont toujours forcées à faire des avances presque imperceptibles.

Je tenais mon livre, immobile, rêveur. Son Altesse faisait quelques réflexions générales par forme de contenance, elle dit enfin : — « Que les

» femmes sont malheureuses! tantôt
» une différence de religion, tantôt
» des devoirs, des sermens d'hymen,
» arrachés à l'inexpérience, nous ra-
» vissent le bonheur de la vie ; et ce-
» pendant dispose-t-on de son cœur,
» de ses affections? Ah! si j'eusse été
» Mathilde, bientôt réfugiée avec
» Malek au fond d'un désert, j'eusse
» été heureuse ou morte. — Voilà
» comme on aime, m'écriai-je. — Et
» comme je voudrais être aimée, reprit-elle avec passion. Puis elle ajouta
vivement avec trouble : — » Comte!
« nous irons ce soir au *désert!* » (C'é-
tait un endroit favori et délicieux
du parc. )

Le mot était expressif! d'autant
que la duchesse en reprenant le livre,
laissait un de ses doigts errer près des
miens. Ses yeux pleins d'une langueur
divine, ajoutèrent à ma certitude :
j'osai alors appuyer mes lèvres sur ces

doigts délicats, qui se pressèrent d'eux-mêmes légèrement contre ma bouche, et je m'éloignai dans un trouble qui parut égal de part et d'autre.

Son Altesse se leva le lendemain de son lit de douleur ; et, après le dîner elle se rendit *au désert*. Cet endroit était délicieux. Des rochers, des groupes d'arbustes des Deux Indes, des cavernes couvertes de mousse, des ruisseaux encaissés en des rives tour-à-tour escarpées ou gazonnées, tout donnait à ce parc, enfant des arts, le charme de la nature la plus sauvage.

Je devais m'y rendre à six heures du soir. J'y trouvai déjà la duchesse assise à l'entrée de la caverne, site agreste et charmant, abrité par quelques platanes. Je m'approchai doucement avec mon livre sous le bras. Elle ne m'avait pas aperçu, dans sa réverie, que j'étais déjà à deux pas d'elle. Je lui demandai pardon de la surprise que je lui causais: elle répondit en soupirant : — « Ah ! vous ne » pouvez plus me surprendre ! as-» seyez-vous là. » — Elle me montra le gazon à côté d'elle.

Après un silence expressif, je lui demandai où elle voulait lire ? — » Là ! » répondit-elle, en montrant le livre que j'avais sous le bras gauche, et arrêtant sa main bien près de mon cœur. Je fis un mouvement de surprise. Le livre tomba, et elle répéta encore en appuyant sa main où le livre n'était plus ; — « Là ! mais com-» bien cela est difficile. — Non, ma-» dame ! quand tout le passé y est ef-» facé. — Est-il bien vrai ? Soyez sin-» cère. » Quel est ce portrait que vous » gardez avec tant de soin ? Franchise » absolue, ou je cesse de vous.... es-

» timer.... parlez, parlez, je vous en
» conjure. »

Entrîané par tant de grâce et d'abandon, croyant aimer et être aimé pour
la vie de l'objet présent, je fis à Son
Altesse, en déguisant les noms, le récit
de ma liaison avec miss K..., sans dis-
simuler les causes de méfiance à mon
égard, qui l'avaient rompue. — Hé-
» las! serai-je plus heureuse ou moins
» prudente qu'elle? Mais votre fran-
» chise me charme. La vérité pouvait
» vous perdre eu me forçant à réflé-
» chir et à trembler peut-être. Vous
» n'avez pas hésité à la dire. Quand
» on est sincère, on est bien près d'être
» fidèle, et l'on ne pourrait d'ailleurs
» me tromper, car je mourrais de
» douleur au premier soupçon

A ces mots, de nouvelles larmes
brillèrent dans ses yeux. Sa main
tomba dans la mienne. Elle dit à demi-voix : — « J'étais bien malheu-

» reuse. Ai-je enfin trouvé le bon-
» heur? Parlez. — Ah ! s'il existe !....
Un baiser de feu sur ses mains divines
acheva ma réponse.

Elle reprit ensuite avec plus d'énergie : « Ecoutez-moi. Puis elle me fit
le récit de son éducation en Pologne,
de ses pensées secrètes et de sa position singulière vis à-vis de son époux
avant son veuvage; récit absolument
conforme aux détails que le conseiller
de P... m'avait donnés, en me parlant
de ce prince et de sa maîtresse, la
comtesse de Hornberg, à Augsbourg,
ainsi que de son indifférence pour la
pauvre Alexiéna. Elle termina son récit en s'écriant avec passion. — «Non !
» mon âme sensible ne peut vivre
» ainsi ; il faut que j'aime, qu'on
» m'aime enfin, ou que je meurre.
» — Ah! vous vivrez! vous vivrez
» adorée, lui dis-je avec passion.—
» Voilà donc mon premier beau jour!

» s'écria-t-elle avec transport : » et qu'il fut suivi d'élans délicieux dans un cœur neuf, absolument étranger aux épanchemens, aux caresses, aux ravissemens d'un amour partagé !

Nous ne revînmes pas du désert sans une intimité plus parfaite. Le soir d'une journée brûlante, un crépuscule mystérieux, un silence profond, un asile enchanteur, furent les témoins de nos premiers amours.

Mais la duchesse, épiée par les ordres du comte Gormann et par une foule d'espions du palais, exigeait la plus grande prudence. Les journées étaient dangereuses; s'enfermer quand les visites ou les annonces des héduques pouvaient nous surprendre, était une indiscrétion marquée. Il fut décidé que nos tendres conversations auraient lieu la nuit, dans un petit salon, attenant à la chambre d'apparât de la duchesse. Il fallait pour y parvenir, des peines et des travaux d'industrie étonnans. Rien ne nous découragea. J'étais logé dans une autre aîle du vaste palais de ***. Je devais, pour arriver à ce petit salon, traverser d'abord d'immenses cours où étaient les casernes des gardes, puis deux vastes corridors, remplis des chambres des musiciens ou des officiers des gardes du prince, gens buveurs et joueurs, dont les portes, souvent entrouvertes, faisaient mon supplice. Delà, j'étais forcé de descendre à tâtons, de vastes escaliers antiques, sans être entendu des deux sentinelles du régiment des gardes, qui étaient placées au bas de ces escaliers. Arrivé à une porte condamnée de la grande salle des armes et archives, porte qui s'ouvrait sur cet escalier, il était nécessaire que la duchesse elle-même, vînt par l'intérieur donner un tour de clef et ouvrir sans faire le moindre bruit; et le pire de tout, il fallait enfin qu'elle décrochât le portrait du feu prince son époux, portrait qui recouvrait les deux battans de cette porte, et qu'elle le remît en place, à mon départ par la même route.

Cette manœuvre difficile aurait effrayé tous autres que des amans ; mais la passion, l'habitude nous rendirent si habiles à cet exercice, qu'au bout d'un mois, il s'exécutait dans le silence de la nuit, sans le moindre bruit.

Un jour cependant, comme je venais de repasser par cette porte de la salle des armes et archives, et que la Duchesse se hâtait de la refermer, le grenadier des gardes, en sentinelle au bas de l'escalier, laissa tomber son fusil qui partit avec une explosion que redoublait le silence de la nuit. A ce bruit affreux, je franchis l'escalier en quatre sauts, et courus par les corridors des combles jusqu'à mon appartement; mais la pauvre Duchesse, épouvantée, se figura mille malheurs. Dans son effroi et son désordre, trompée par l'obscurité, elle suspendit le tableau au premier crochet qu'elle sentit au lambris, et ne s'apperçut pas qu'elle l'accrochait trop à gauche et justement à une espèce de poignard turc qui s'avançait en saillie d'un grand trophée d'armes, que le Langrave de ***, bisayeul du duc, avait rapporté des anciennes guerres contre les Turcs. Elle avait cru avoir remis les choses en place et s'était sauvée à la hâte et à demi évanouie dans son appartement. D'ailleurs la quantité de trophées suspendus dans la salle des armes ne facilitait que trop cette méprise.

Le matin, les héduques du palais virent ce dérangement avec surprise. On alla appeler le vieux maréchal de

Cour , qui , pour éclaircir ses soupçons , alla lui-même chercher la Duchesse , avec un air de bonhommie
affectée. Son Altesse, loin d'imaginer
ce dont il s'agissait, se rendit à la salle
des archives, où l'on juge de son sai-
sissement, lorsqu'elle vit le portrait
suspendu au trophée turc et non à la
porte, et quelle apperçut le poignard
qui le perçait et le soutenait traversant la toile justement vers le cœur de
son époux. — Voyez , Madame ! dit
le vieil Hanovrien. « On croirait que
» des mal-intentionnés ne pouvant
» plus attenter à la vie du feu prince,
» ont osé frapper son image : qu'en
» dit Votre Altesse «?

La Duchesse , plus morte que vive,
essaya de reprendre ses sens. — « En
» effet , dit-elle , il faut être bien
» hardi ! — Oh ! sans doute , répéta
» le vieil Hanovrien rusé. — Mais ,
» mon cher Gormann ! ce sera l'effet

» du hazard ? quelques valets mal-
» adroits auront fait tomber le ta-
» bleau, et pour réparer leur faute...
« — Non, Madame ! il y a ici des
» étrangers bien capables... — Je ne
» puis le croire ; au surplus, qu'on
» remette les choses en place. Il ne
» fallait pas me déranger pour une
» étourderie de vos gens.

—» Pardon, Madame, dit gravement
» et malignement le rusé Gormann ;
» mais mon zèle pour monseigneur le
» prince votre père... ». Sur ce, avec
un sourire sardonique, il donna la
la main à Son Altesse jusqu'à sa
chambre et se retira.

La Duchesse me remit, au déjeûner, ce billet dans la main. — « Nous
» sommes perdus ! mes pressentimens
» ne me trompent jamais. Mes mal-
» heurs recommencent. Mon étoile
» fatale me suit toujours. Voyez à la
» salle des archives ».

J'y passai , comme par hazard , et j'apperçus le tableau encore suspendu au trophée , le poignard au cœur du prince. Me croyant seul , je faisais un mouvement de surprise et de chagrin , trop vif peut-être , lorsque le comte Gormann , ouvrant brusquement la porte que devait couvrir le tableau, me surprit et dit : — Qu'en » pensez-vous, monsieur le comte ? » Cette porte condamnée qu'on ose » ouvrir la nuit ? ce portrait déposé » et allégoriquement placé pour mon» trer qu'on déteste un souverain si » bon , si regretté ! n'est-ce pas une » horreur ? et ne devons-nous pas en » faire notre rapport à l'instant » même ? «

Je voulus en vain rejeter cet événement sur les valets ; j'essayai même de mettre en avant l'intrigue amoureuse et connue d'un héduque avec une des femmes de la Duchesse. L'héduque favori couchait en effet dans un petit cabinet près de la salle des gardes ; il fallait réellement qu'il traversât la grande salle des archives pour arriver à sa belle. La justification était donc heureuse et naturelle ; mais le vieux maréchal n'en fut pas la dupe.

— « Ce sont des amans, me dit-il,
» en effet, mais de plus haut parage.
» Nous sommes obligés de faire rap-
» port au prince. Voulez-vous rem-
» plir ce devoir ? »

Pris au piège, il fallut bien me rendre et me résoudre à faire un rapport contre moi-même. — « Le temps
» presse, me dit le vieux maréchal,
» le prince serait instruit d'ailleurs.
» Il faut nous mettre en mesure. Ve-
» nez à mon cabinet. » — Je voulus en vain pretexter une affaire pressante, pour avoir le temps de consulter la duchesse ; le vieil Hanovrien tint bon. — « Venez, le cour-

» rier est prêt, il attend ; si vous
» différez, je fais seul mon rap-
« port. »

Il fallut donc me résigner. Nous
nous rendîmes au cabinet de Gormann. Là, il commença sa lettre en
français et en écrivant avec affectation sous mes yeux, avec des paroles
si offensantes pour l'amant, qu'il me
mettait dans l'alternative de supporter
l'injure en dissimulant, ou d'éclater
en me perdant et me déclarant pour
le coupable. Le mot de *scélérat* qui
échappa enfin à sa plume ne me permit pas de me contenir. — « Ceci
» n'est pas français, dis-je au vieil
» Allemand avec dédain ! — Com-
» ment? reprit-il avec humeur. —
» Eh oui ! vous ne savez pas écrire.
» Cela n'est pas français, répétai-je
» avec hauteur, le prince se moquera
» de votre rapport. » J'eus beau vouloir piquer le bon Gormann et lui cher-

cher querelle, afin de rompre le rapport et d'éclater à mon aise; le vieux
sournois, pour aller à son but, sup-
porta tout et pliant le paquet, me dit
froidement : — « Monseigneur en-
» tendra fort bien, je vous assure, »
et sur ce, me remerciant de ma complaisance et des *nouveaux secours*
que je lui avais fournis pour l'éclairer
en cette occasion, il me salua et alla
dépêcher son estafette.

Je courus à l'appartement de la
duchesse Alexiéna, non sans avoir
pris un détour pour éviter les espions
dont nous étions entourés. Je la trouvai désespérée. Elle était d'autant plus
inquiète, que son ridicule maréchal
boiteux lui avait fait la cour depuis
long-temps et n'en devait être que
plus acharné à me nuire. — « Pas
» un beau jour pour moi ! s'écria-t-elle,
» ah ! j'en étais sûre, mon père va
» tout savoir, et dans sa colère, que

» dira-t-il? Que fera-t-il? Grand
» Dieu! »

Nous passâmes huit jours dans des
inquiétudes mortelles. Je reçus le neuvième jour, du prince, un ordre pur
et simple, de le rejoindre à sa terre
de *** en Volinhie où il s'était porté,
près du grand quartier général de
l'armée autrichienne, afin de préser-
ver, s'il était possible, ses immenses
possessions des attaques et des réqui-
sitions des deux partis.

Je volai près de lui, non sans de
vives allarmes sur l'accueil que j'en
recevrais. Je descendis sans être attendu au palais de ***, et trouvai le
prince à table, heureusement. Je frémissais!... — « Ah! vous voilà, mon-
» sieur, s'écria-t-il, je suis charmé de
» vous voir! mettez-vous là et déjeû-
» nez. » Cet accueil ne me parut pas
bien effrayant. Je m'aperçus néanmois
que le Prince roulait sa vieille mous-

tache grise avec un air d'observation, et qu'il jetait de temps en temps les yeux sur moi avec curiosité. — « Com- » ment se porte la duchesse ma fille? » me dit-il d'un ton assez léger, bien, » n'est-ce pas? elle est si forte; bu- » vez donc. »

J'obéis avec plaisir, car je me ras- surais de plus en plus.

Le déjeûner fini, le prince ne fit signe de monter à son cabinet : Je le suivis avec une nouvelle inquiétude. Arrivé au petit salon turc, il se jeta assis sur sa peau d'ours, il prit sa grande pipe hongroise, se mit à fu- mer, en balançant ses jambes, puis me dit : — « Comment la duchesse » passe-t-elle son temps? assez bien, » m'écrit-on; elle est fort gaie, vous » avez su la dissiper, l'animer; la » pauvre Alexiéna était si triste. » Tout en me faisant ces questions, je remarquais en lui un air d'indifférence

affectée, mais au fond un sourire de bienveillance et, le dirai-je, un regard tout-à-fait paternel. Bientôt son front s'obscurcit et il me dit brusquement : — « On se plaint de vous,
» monsieur, vos manœuvres vous
» font grand tort. ( Je pensai à notre intrigue secrète et je frémis. )
» Tout le monde en parle et vous
» êtes trop dur dans votre inspec-
» tion. » Je compris alors de quelles manœuvres il était question, mon cœur très-ému se rassurait, lorsque le prince s'écria tout-à-coup : — « A
» propos, j'ai un bien plus grand re-
» proche à vous faire. »

Je frissonnai. — « J'ai appris, con-
» tinua-t-il, des choses qui m'étonnent
» et m'offensent. » — Je tressaillis davantage. — « Je vous croyais plus
» de franchise et d'attachement pour
» moi. — Monseigneur, pouvez-vous
» douter? — Très-fort, monsieur, il

» a fallu que je sache par d'autres ce
» qui arrivait. — Le maréchal en
» effet a cru...... — Gormann est un
» sot! puis-je me fier à ce qu'il dit?
» — Oh! pour de tels détails, je
» pense, monseigneur.... et ces petits
» événemens. — Comment! vous ap-
» pelez détails, petits événemens,
» le parti que prend l'Autriche en
» cette circonstance? êtes-vous fou?
( — Dieu! c'est de la politique!
me dis-je avec joie, je suis sauvé! )
— « Comment! continua le prince,
» vous êtes en relation avec nos
» grands politiques, avec le comte
» de Nesselrode , Stein , Kotze-
» bue, etc., et vous ne m'avez rien
» communiqué. Ma position est dan-
» gereuse ; ma petite neutralité de
» plus en plus difficile, d'après les
» événemens qui se passent en Russie.
» Que faire? »
Rassuré, ravi, je m'efforçai de lui

tracer un système de conduite pour son peuple, qui ressemblait beaucoup à celui qu'il tolérait pour sa fille. — « Le bonheur de nos enfans...... » de vos sujets, est tout, mon- » seigneur ; et ce qui l'assure doit » être votre loi suprême. — C'est » mon avis ! s'écria le vieux prince » avec feu. »

Il adopta entièrement mes idées ; il parut ravi de mon plan que j'achevai d'écrire brièvement sous ses yeux. Il le parcourut, m'assura qu'il le suivrait et me dit en terminant : — « Je » désire qu'avant de retourner à ma » résidence de H..., vous alliez à Var- » sovie, pour terminer mon procès » avec le prince de Cz.... » Il me donna le lendemain des lettres pour la duchesse Alexiéna, et la manière dont il s'expliqua à son égard, dut me confirmer de plus en plus, dans l'idée de sa parfaite indifférence et de son aveuglement volontaire sur ce qui se passait à H....

Je dus y croire d'autant mieux, qu'il ne me quitta pas sans me donner de nouvelles marques d'amitié; amitié bien motivée peut-être par le service éminent que j'avais été dans le cas de lui rendre.

Le prince, après notre conversation, était retourné presque seul à sa résidence de Cracovie. Il n'avait dans sa voiture qu'un de ses cavaliers, et deux de ses gardes polonais aux portières. A peine avait-il fait un quart de lieue sur la route de.... qu'un gros de cosaques entourra sa calèche, car l'armée russe avait déjà pénétré en Pologne après la retraite de Moscou. Le chef des cosaques approcha de sa voiture, l'en arracha, et le voyant sans décorations, avec la simple cocarde autrichienne, le maltraitait vivement, lorsqu'accourant sur ses pas pour lui remettre son grand porte-feuille qu'il avait oublié, j'entendis des cris dans la forêt qui bordait la route. Je n'avais avec moi que deux hussards de Barteinstein; malgré notre petit nombre, nous fondîmes sur les cosaques qui dépouillaient déjà le prince et qui ne voulaient ou ne pouvaient rien entendre. Notre charge vigoureuse, quoique les dispersant en partie, faillit lui couter la vie. Ils l'abandonnèrent à la vérité, mais en lâchant nombre de coups de pistolets qui l'effleurèrent, et l'un de ces cosaques voyant notre petit nombre, revint à la charge sur lui. Il allait passer avec fureur sa lance au travers du corps du prince, si, arrivant à propos, je n'eusse paré le coup fatal et renversé le féroce habitant du Don. Ce coup de vigueur ramena à la charge les gardes polonais qui, avec nos hussards, achevèrent de mettre en fuite les assaillans.

Revenu à lui, le prince me témoigna toute sa gratitude, et détachant
un anneau magnifique qu'il portait toujours à son doigt, il me pria de le
garder. — « Quand je vous serrerai
» la main, me dit-il, cet anneau me
» rappellera avec un nouveau plaisir,
» que cette main fût mon sau-
» veur; en un mot, c'est *un gage*
» *d'amitié*. J'espère n'être jamais
» dans le cas de vous le redeman-
» der. »

Le bon prince se remit en route, je
l'y engageai fortement pour éviter de
nouvelles surprises des cosaques er-
rans. Je lui laissai mes deux hussards
pour grossir son escorte, et revins
seul à Varsovie où je remplis ma nouvelle mission près du prince de Cz....
d'où je me rendis à H... au moment
où la duchesse était désolée d'un silence de plusieurs mois, suite de la
position des armées et de la suppres-

sion de toute correspondance , par les incursions des troupes légères.

Mon aparition fut un véritable coup de théâtre; Son Altesse quoiqu'entourrée de quelques personnes , fit un cri et s'élança presqu'en mes bras. Elle s'arrêta assez à temps pour ne pas se perdre.—Enfin j'aurai donc des nou-» velles.....de mon père ? « Ce petit palliatif arriva très à propos. Elle m'accabla de questions générales ; puis , sous prétexte de me demander quelques détails sur le prince, elle me fit passer dans son cabinet. C'est là que l'abandon et l'ivresse se dédommagèrent d'une longue absence et que les larmes de joie succédèrent à celles de tristesse.

Je fis à la duchesse le récit de notre voyage.— « Vous n'oubliez que vous, » me dit-elle avec grace ; je sais les »éloges que vous avez mérités, je » sais le service éminent que vous

» avez rendu à mon père , sa vie sau-
» vée.... et je suis fière de vos belles
» actions ; mais je les ai payées trop
» cher , ne nous séparons plus, j'ai
» tant besoin de vos tendres senti-
» mens et de vos conseils dans ma po-
» sition ! Quel est l'aveuglement de
» mon père ! Il nomme ses amis ceux
» qui le trompent le plus fortement:
» je veux dire le vieux maréchal Gor-
» mann, et sur-tout son premier ca-
» valier Nersdorff, ce grand saxon
» qu'il m'a envoyé déjà en estafette.
» En vérité , il place bien sa con-
» fiance, car ils osent me faire des
» déclarations. Vous, au moins, n'af-
» fectez pas cette adoration exclusive
» pour lui, que mettent en avant ces
» deux personnes et il a semblé vous
» avoir donné mission de m'aimer.
» —Fut-on jamais mieux obéi? Ma-
» dame ! — Il est vrai, mais craignons
» quelque noirceur. Les méchans

» suivent leur plan avec obstination
» et les gens d'esprit et d'ame ne s'en
» défient pas assez.

» Je sais que vous êtes bon, modeste
» et même prévenant envers tous,
» mais le bonheur est un si grand
» grief! — et nos souffrances sont si
» secrètes! Madame!

Je la rassurai de mon mieux, tout en lui promettant d'agir avec prudence vis-à-vis tant d'ennemis conjurés.

Plusieurs mois se passèrent dans une félicité parfaite, mais en est-il de durable en amour? Et surtout en amour qui blesse à la fois les lois, la morale et les convenances! La duchesse m'avoua qu'elle était enceinte : un mélange de joie et d'inquiétude accompagna cet aveu. Les élans les plus tendres de sa part sur le bonheur de posséder mon image vivante, semblaient la rendre ivre de bonheur; puis les réflexions, la difficulté et même l'impossibilité de cacher cet événement, venaient empoisonner ces momens d'espoir et d'épanchement.

Combien notre embarras s'accrut encore par l'arrivée inopinée du premier cavalier Nersdorf! Cet actif et gigantesque saxon tomba à l'improviste dans ma chambre, un matin et me dit : — « Je viens en courrier cher» cher Son Altesse : vous avez ordre » de rester ici; le prince renoue ses » liaisons avec la Russie et se rap- » proche du prince de M.... qu'il avait » refusé d'abord pour gendre. Le ma- » riage de madame la Duchesse avec » ce dernier est arrêté définitivement.

Je cachai ma surprise et ma douleur. Nersdorf se rendit de suite chez Son Altesse à laquelle il fit les mêmes rapports, en lui remettant des lettres du prince son père, avec injonction de se rendre dès le lendemain même, à Prague, en Bohème.

Restés seuls, que devînmes-nous à cette nouvelle? La duchesse était enceinte de trois mois, et son état était déjà assez évident. Nersdorf s'en était apperçu sans doute, mais il avait feint de ne le pas voir. Son Altesse arrivée à Prague, quel serait son sort affreux en portant ainsi à son père des preuves vivantes de notre intimité?

La malheureuse Alexiéna tomba dans un désespoir affreux, où elle passait alternativement des protestations d'amour et de tout souffrir pour moi, à des souhaits insensés de mort et de perdre ainsi le témoin de sa faute.

Madame Hermann, prude dévote: et sa première femme de chambre, était dans des transes mortelles. Elle se voyait perdue, chassée si ce n'était pis, elle osa engager Son Altesse à consulter son médecin. Un regard d'indignation fut la seule réponse d'A-lexiéna. — « Je sais mourir, et ne » sais pas être criminelle, dit-elle avec force. — Malheureuse ! dis-je à la vieille Hermann, « quand le cri de la » nature ne parlerait pas, celui des » lois et de la vengeance céleste ne se » ferait-il-pas entendre ? Des mal-» heurs, s'il le faut, et point de crime !

Sur cet élan de loyauté et de rési-gnation, nous nous jetâmes la du-chesse et moi dans les bras l'un de l'autre et décidés à tout. Madame Herman se prosterna aux pieds de Son Altesse, en s'excusant sur son zèle, sa douleur, l'égarement de son esprit, sur les malheurs affreux qu'elle prévoyait et dit qu'elle se résignait comme nous à tout plutôt que d'être coupable.

Le lendemain, au moment du dé-part, Madame la duchesse sentit des

douleurs cruelles ; elles devinrent si vives, qu'on fut obligé de l'emporter dans sa chambre ; elle voulut y être seule. Je me retirais par son cabinet de toilette où, accablé d'inquiétudes, je restai un moment, et là, j'entendis distinctement ces mots de la vieille Hermann. — « Courage, madame, vous
» allez être délivrée, c'est une fausse
» couche. — Comment ! s'écria la
» duchesse avec douleur, » comment
» se peut-il ?.... — » Le chagrin sans
» doute, d'un départ.... un malaise....
» — Ah ! Je vois tout ! Ce thé que
» tu m'as donné hier soir, femme abo-
» minable ! Ce gout singulier !.... C'é-
» tait, je gage ?.... — Quoi ! votre
» Altesse peut penser ?.... — Tout
» malheureuse Ah ! Qu'as-tu fait ?...
Les douleurs affreuses qui survinrent, rompirent ce dialogue ; j'entendis seulement la tendre Alexiéna s'écrier : — « Le voilà, cet être que

» j'aurais tant chéri, tu l'as tué. Mal-
» heureuse , je suis au désespoir ! Ah !
» que je le voie encore... C'était lui !
» un autre lui-même ! » Ces larmes
étouffées, ces cris de la nature me bri-
saient le cœur, autant que l'indignation contre la perfide camariste.

La vieille prude allemande, sans
mot dire, enveloppa le fruit de notre
amour, et allait l'emporter, quand la
duchesse s'écria : — « Arrête !.. arrête !
» cette nuit je veux l'emporter moi-
» même, l'inhumer sous ces rosiers
» où j'ai eu le premier moment de
» bonheur. Ah! c'est dans le désert,
» c'est près de ce bosquet où je fus
» coupable, que je dois trouver le re-
» mords et mon châtiment. Attends,
» malheureuse ! attends minuit. »

Je m'enfuis suffoqué et bien résolu
de m'opposer à la sortie d'Alexiéna
dans l'obscurité , par le froid horrible
qu'il faisait déjà, et dans l'état où sa

crise affreuse venait de la mettre ;
mais un autre sacrifice fait à son repos m'obligea à ne pas la voir de la
journée. Nersdorf me montra un ordre
positif pour aller le jour même à Augsbourg, avec lui, près des commissaires
anglais. Il s'agissait de subsides secrets où le prince avait désormais sa
part comme souverain. Il avait grand
besoin de ces subsides; ses possessions
en Pologne avaient été ravagées
par les Français et les Russes, et le
moindre retard lui faisait perdre le
fruit du voyage de Nersdorf. En vain
je cherchai des prétextes pour rester.
Il fallut céder à ce motif pressant, et
l'espérance d'être de retour pour le
soir même acheva de me laisser entraîner.

Mais, par une fatalité inouie, les
commissaires anglais firent traîner la
conférence jusqu'à la nuit. Je frémissais d'impatience, et l'opération finie,

je prétextai une affaire, pris des chevaux, et revins à toute bride, seul, à
H.... J'y arrivai à près de minuit.
L'heure sonnait au palais. Ce mot de
*minuit* prononcé par la malheureuse
Alexiéna, ce projet affreux de vouloir
inhumer elle-même les tristes restes
de notre amour : tout me fit précipiter le pas vers son appartement, ou
plutôt vers celui de Madame Herman. Elle n'y était point, silence profond chez Son Altesse ; je frisonnai,
— » Elles sont déjà parties, me dis-
» je, avec terreur et je volai au désert.

Qu'y vis-je ? Grand Dieu ! par une
obscurité noire et affreuse, sous des
sapins dont la verdure sombre semblait frémir d'horreur, étant poussée
par un vent furieux, deux femmes
s'avançaient comme deux ombres.
Quelque chose de blanc que portait la
première, les faisait distinguer plus

particulièrement. Elles se dirigèrent vers la grotte couverte d'arbustes qui avait été témoin des premiers ins. tans de notre bonheur, et là, l'infortunée duchesse se jettant à genoux, creusant de ses mains tremblantes la terre fraîchement remuée que détrempaient ses abondantes larmes. — « Ca-
» chons, cachons mon crime et mon
» malheur, s'écria-t-elle. — Ah ! Ma-
» dame ! par ce froid horrible et dans
» votre état; c'est chercher la mort,
» disait Hermann. — Oui, tu l'as dit,
» la mort ! comme cet être chéri qui
» repose sans avoir connu le remords
» qui m'accable.

Je parus en ce moment. Alexiéna fit un cri de terreur, se croyant découverte par un autre; mais m'ayant reconnu, elle se remit tout en redoublant ses sanglots. — « Nous voilà, dit-
» elle, comme les malheureux cana-
» diens, couvrant d'un peu de terre

» et d'éternelles larmes, le corps
» de.... notre pauvre enfant.... Ah !
» plutôt le conserver et aller vivre
» dans leurs déserts; tel·eut été mon
» souhait; mais cette malheureuse
» Hermann a désenchanté mon amour
» en me rendant criminelle.

Madame Hermann voulut en vain
nier, puis s'excuser sur l'acpect des
malheurs qui allaient fondre sur nos
têtes, nous l'accablâmes de reproches
mérités. Pendant ce temps, elle fit vivement le triste office de la sépulture,
et quand la duchesse revint un péu à
elle, et voulut se jeter pour la dernière
fois sur les restes de son fils, pour lui
donner le baiser maternel, il avait
disparu. C'est en vain qu'elle supplia
Madame Hermann de lui montrer l'endroit précis où reposait notre image.
Dans ce doute cruel, l'infortunée se
jeta contre terre et pressant dans ses
bras tout l'espace qu'elle put contenir;

— » Viens, viens encor sur mon
» cœur, sol insensible ! terre cruelle !
» qui me dérobe mon trésor. Ah ! je
» le baignerai de tant de larmes, que
» l'espace où est mon fils, se couvrira
» bientôt de la mousse humide des
» tombeaux ; mais non, fuyons, ca-
» chons à jamais au monde, à mon
» père surtout, ce crime involontaire :
» fuyons. » Elle prit alors mon bras
avec force et m'entraîna. — » Per-
» sonne, personne, ajouta-t-elle, n'en-
» trera plus au *désert*, mais que dis-je ?
» Le prince mon père, ses piqueurs !
» sa meute ! s'ils allaient fouiller ici,
» découvrir un jour ! ô terreur ! ô dé-
» sespoir ! Fuyons ! que de malheurs
» je prévois ! ô mon ami ! *tu lui don-*
» *nas la vie et la mort !* dit-elle en
montrant l'être innocent qu'elle ne
verrait plus.

Ce dernier reproche m'accabla : car
j'étais la cause involontaire du second

crime. Elle le sentit, et chercha à appaiser mon affliction par quelques serremens sur son cœur, sans pouvoir prononcer une parole. Toute notre douleur s'épancha sur l'impitoyable Hermann ; mais je m'apperçus que mes reproches l'irritaient profondément au lieu de la confondre, et que son hypocrisie ne faisait que se concentrer pour éclater plus tard.

La duchesse, malgré sa douleur secrète et son état si dangereux encore, fut obligée de partir le sur-lendemain ; l'actif Nersdoff la pressait à outrance et prétextait ses ordres précis. Il fallut obéir, se contraindre, se briser l'âme en présence de ces témoins dangereux, et combien ce rôle fut pénible ! car Nersdorff nous observait avec une attention maligne, autant par goût que par ordre sans doute : il enmena comme en triomphe l'infortunée Alexiéna, à demi-morte de regrets, et tandis qu'au marche-pied de la voiture, je faisais ces adieux de cour, ces adieux composés de respect et d'indifférence, notre âme anéantie de désespoir, se refusait les larmes dont elle aurait eu tant besoin.

Les voitures s'éloignèrent. Je les entendis long-temps dans ma triste rêverie ; ce roulis sourd sur le pavé de la route , à l'aurore d'un jour sombre, ressemblait pour moi à un orage lointain : et en effet ces voitures , messagers de malheur , portaient à Prague les étincelles de la foudre qui allait nous écraser.

Je passai huit jours à H....., dans une douleur profonde , tant par suite de cette absence , que par les souvenirs de sa cause inquiétante. Le neuvième jour un courrier du prince m'apporta l'ordre de me rendre à Prague. Je questionnai en polonais, Médovich (c'était le courrier); il souriait d'un

air sombre à chaque question et me regardait du coin de l'œil — « Que dit,
» que fait le prince, lui disais-je en dissimulant mon inquiétude. « L'arrivée
» de Madame la duchesse sa fille à
» Prague, a dû lui faire grand plaisir ?
— » D'abord, me répondit-il ; mais
» après, quelle humeur ! — Eh pour-
» quoi ? — On ne sait, on n'est pas
» sûr... — Il a reçu mes lettres ? —
» Oui. — Qu'a-t-il dit ? — Rien ! seu-
» lement il grondait entre ses dents,
» ah ! monsieur le comte ! monsieur
» le comte ! nous verrons. »

Ces détails quoique vagues , me
firent frissonner, je cachai mon effroi,
et me disposai à partir le jour même.

Je volai à Prague , car dans tous les
périls, les attendre est le pire : pour
un cœur ardent , s'élancer au devant
d'eux est plus court et le plus utile
souvent en résultat. A peine arrivé ,
l'air ironique et satisfait de Nersdorff

et du viel hanovrien Gormann furent
d'un augure fâcheux.

J'appris bientôt par Médovich, gagné à prix d'or, tous les détails de la
délation infernale dirigée contre moi,
près du maître. Chacun abusait de la
confiance de cet excellent homme.

— Tantôt le vieux Gormann, di-
» sait-il, souffle tout bas au prince
» qu'il est l'objet des railleries des
» Cours de l'Allemagne, d'après sa
» complaisance pour l'inclination de
» sa fille. Puis arrive M. de Nersdorff
» qui a l'air de blâmer le Maréchal
» et de ne vouloir rien dire ; mon-
» seigneur le presse de parler, il se
» fait bien prier ; puis il avoue en
» soupirant que le refus du prince de
» donner sa fille au prince de M....
» appuyé par la Russie, est attribué
» à l'influence seule du comte de G....
» sur le cœur de la duchesse ; que cette
» influence déplacée et sa cause im-

» morale surtout, perdent monsei-
» gneur dans l'opinion générale.

Désolé de ces effrayans rapports, j'allai trouver le conseiller de P..... toujours franc et loyal avec moi. —
« Vous êtes perdu, cher comte, » me
« dit-il avec douleur, » ce qui con-
» venait à la première politique du
» prince, ne convient plus à la nou-
» velle. On le persécute, on l'aigrit
» contre vous, et vous nuisez autant
» à ses projets à présent, que vous
» leur étiez utile quand il vous en-
» voya près de sa fille. Voilà les
» Cours!

Ah! combien ce déchirant aveu m'ouvrit les yeux sur ma faute! que n'ai-je écouté mes premières craintes, me disais-je. Que ne suis-je resté fidèle au souvenir d'Emma!

Le lendemain le prince me fit re-demander mon brevet d'inspecteur-général de ses troupes, et m'envoya

ma démission; je m'y attendais. Peu-
à-peu, l'orage annoncé par Médovich grossit sourdement. L'humeur du
prince interprêtée par toute sa cour,
devint un signal d'allarme, et un cri
de réprobation générale, qui alla jusqu'à me menacer de l'assassinat à l'insçu de ce bon mais trop inconséquent
souverain; car un soir que je revenais
de la promenade au château qu'occupait le prince aux portes de Prague,
deux balles sifflèrent à mes oreilles
et j'entendis les gardes-chasse dire
bas. — « Il est manqué! quel dom-
» mage! ce maudit braconnier du
» palais. — Ma foi! je l'aurais tiré
» comme une bête fauve, sécria un
» autre garde, il fait plus de mal à
» notre maître, qu'une hyenne ou
» qu'un loup enragé!
— « Voilà, voilà me disais-je en
» pressant le pas, le juste châtiment
» d'un penchant funeste. Hélas! les

» pauvres gens ignorent les conseils
» galans du prince, son indifférence
» et même ses projets secrets dans la
» conduite de sa fille, mon excuse
» enfin; ils ne voyent que mes torts
» apparens. Ils aiment leur maître,
» ils le vengent, ils ont raison.

Bientôt des animosités plus sérieuses vinrent me faire gémir sur mon imprudence. Les cavaliers et les officiers du régiment des gardes du prince, soit attachement pour leur maître, soit désir de faire leur cour, soit humeur de quelques réprimandes dans mon inspection, s'entendirent pour me faire payer cher la préférence involontaire que j'avais obtenue. Ma démission de mon grade supérieur me ramenait presqu'à leur niveau. D'ailleurs, en affaires particulières, je n'ai jamais admis de distinction ni de motif de refus. Ces officiers se tinrent pendant quelques jours dans un cercle

de prudence. Ma réputation d'adresse
extraordinaire à l'escrime et aux armes
à feu, contenait leur fureur; mais
le grand et violent Nersdoff ne put
se modérer long-temps. Chargé par
le prince de me redemander l'anneau
qu'il m'avait donné lorsque je sauvai
ses jours en Pologne, Nersdorff se
présenta chez moi avec insolence,
avec dédain, et mit dans sa mission
tant de dureté et de hauteur, que je lui
répondis fièrement à mon tour : —
« que je ne rendrais cet anneau qu'au
» prince lui-même; que c'était un don
» d'amitié trop cher à mon cœur,
» pour m'en dessaisir sans en connaître
» les motifs. » — Ces motifs sont
» trop outrageans, pour que Son Al-
» tesse daigne les notifier elle-même,
» répondit-il, et sur ce, il s'aban_
donna à son animosité, avec tant d'in
solence et de fausseté ( puisque lui-
même avait offert en vain son hom-

4 *

mage secret à la duchesse ), que je me vis obligé de le prier de sortir de mon appartement. Il résista, de-là s'engagèrent une querelle, un défi et un combat qui eut lieu le jour même.

Nersdorff malgré sa violence, connaissant mon habileté aux exercices du corps, voulut que le combat eût lieu au sabre. Il avait servi dans les cuirassiers de Teschen, il passait pour un habile espadonneur, et espérait plus d'égalité dans ce genre d'escrime.

Nous nous battîmes dans le parc, et j'eus lieu de voir en m'y rendant, une nouvelle preuve de l'animosité générale. Tout le corps d'officiers des gardes s'y était rassemblé, tous faisaient ouvertement des vœux pour mon adversaire. Tous jetaient sur moi des regards de haine et de proscription, tous enfin, semblaient servir de témoins et de seconds au féroce et libertin Nersdorff, tandis que moi,

seul, infortuné pour une passion délicate, mais malheureusement trop
publique, et dont je ne pouvais sans
indiscrétion expliquer les détails, ni
l'excuse secrète, je semblais aban-
donné de la terre entière, et privé
même de l'assistance d'un témoin unique. — « Je me vois seul, mes-
» sieurs, dis-je avec modestie et sé-
» rénité. La politique et l'aspect du
» faible, éloignent de moi plus d'un
» cœur généreux qui me plaindrait,
» j'en suis sûr, s'il m'était possible de
» parler : mais j'ai toute confiance en
» votre loyauté, en ma juste cause
» et mon malheur. A vous, M. de
» Nersdorff ! » dis-je alors, mettant
le sabre à la main.

Nersdorff, avec sa véhémence ordinaire, et sa force gigantesque, s'a-
vança sur moi à grands coups de tail-
lade à l'allemande. A cette manœuvre, je vis d'un coup-d'œil qu'il était

perdu , si je ne le ménageais. Je ne songeai plus qu'à parer en rompant quelques pas ; puis prenant mon temps adroitement, au moment où il levait le bras pour de nouvelles taillades, je me fendis lestement, et me bornai à lui passer la pointe de mon sabre dans la hanche. Il tomba : un cri de rage se fit entendre alors dans le cercle, et par un mouvement général, tous parurent s'élancer sur moi ; mais l'aspect d'un homme seul et secourant lui-même son adversaire, sans s'occuper des menaces terribles dont on l'accablait, rappela des militaires à leur générosité naturelle. Néanmoins ils s'offrirent tous à l'instant pour renouveler le combat. Je leur fis observer que, malgré le grand honneur qu'il voulaient me faire, il me serait impossible d'accepter seul et de soutenir une lutte aussi inégale ; je priai qu'on désignât au moins un nouveau champion, si leur fureur injuste n'était pas satisfaite.

Le jeune Valstein, officier des gardes, s'élança aussitôt. C'était un fils d'un premier mariage de l'infortuné Valstein, détenu à Kufsein en Tirol, e qui avait contre moi de si justes motifs de haine. Ce jeune homme prit le fusil à baïonnette d'un des grenadiers postés en sentinelles autour de nous, m'en fit donner un autre et s'écria : « Qu'ici l'escrime était » superflue et déjouée, que l'arme de » guerre serait plus juste que celle » des spadassins. » A cet élan, tous ses camarades applaudirent. La fureur du jeune Valstein m'affligea plus qu'elle ne m'effraya. C'était le plus aimable, le plus doux, le plus honnête officier des gardes. Malgré le souvenir de la mort de sa belle-mère, il avait paru jusques-là revenir à des sentimens plus justes à mon égard. Je

jugeai par là, à quel point la préven-
tion et la haine ou les faux renseignemens avaient égaré toute la cour sur
ma prétendue ingratitude. Il me semblait enfin voir dans le blond et beau
Valstein la justice et la loyauté m'at-
taquer sous les traits de Minerve, je
pensai à Madame de Valstein, aux
malheurs que j'avais déjà causés à
cette respectable famille, et je fus à
moitié vaincu par ces idées déchi-
rantes.

Nous nous chargeâmes donc, la
baïonnette au bout du fusil; mais
soit accablement, remords ou ména-
gemens envers ce jeune homme, qui
me rappelait si vivement sa belle-
mère, je me défendis faiblement et
je reçus un coup de baïonnette au
haut de la cuisse, blessure douloureuse, et qui me fit tomber baigné
dans mon sang.

A cet aspect, une clameur générale

de satisfaction se fit entendre. Ah !
aucune douleur physique n'égale le
tourment moral que cause ce cri de
réprobation. J'en fus déchiré ! ce fut
bien pis, quand tout le cercle d'officiers
me tournant le dos, sembla m'aban-
donner à mon triste sort ou à des
mercenaires, et donna au contraire
les plus tendres soins au féroce Nersdorff. Cet abandon cruel, en un moment où je perdais tout mon sang,
m'arrachait des larmes, bien plus
que la fin d'une vie qui m'était devenue odieuse. Tous les officiers s'é-
loignaient par une allée détournée,
quand je me sentis soutenu par derrière l'instant d'après. Je vis une
main qui étanchait mon sang et ban-
dait ma plaie avec un mouchoir. La
douleur m'empêchait de me retourner ; mon bienfaiteur allait me quitter, sans que j'eusse vu ses traits,
quand le retenant et me retournant

enfin avec effort ; je reconnus le jeune Valstein lui-même, celui qui m'avait blessé grièvement. Il s'était échappé du groupe de mes ennemis et avait fait un détour dans le parc pour venir me secourir à leur insçu. — « Je » vous remercie, monsieur, lui dis-» je d'un accent pénétré, fasse le ciel » que vos traits charmans et votre » cœur sensible ne vous causent ja-» mais des malheurs aussi peu mé-» rités que les miens. Si vous saviez ! » Si je pouvais vous dire !..... » La douleur m'empêcha de parler davan-tage. Le jeune Valstein attendri, me serra la main, et s'échappa presque confus de se sentir moins cruel que ses camarades. — « Hélas ! pauvre » jeune-homme, pensai-je, tu me » plains par un triste pressentiment » de tes propres malheurs. Oui, tu » es beau, bon, généreux et brave ; si » tu ne sais pas résister à tes succès,

» tu seras aimé d'un sexe et abhorré
» de l'autre ; tel est l'équilibre so-
» cial. »

Bientôt des valets et des héduques
vinrent durement me relever et me
porter au palais.

Là, étendu sur mon lit de douleur,
baigné dans mon sang et dans mes
larmes, je me disais : — « Hélas,
» je me vois seul, sans estime, sans
» secours. En vain mon cœur obli-
» geant et sensible a souvent répandu
» des bienfaits, obligé l'amitié, pré-
» venu ses vœux dans le malheur.
» Un seul tort, même apparent, con-
» tre le rang et la puissance, et l'im-
» possibilité de me justifier sans ag-
» graver ces mêmes torts, me ren-
» dent l'objet de la haine universelle.
» Ah ! si jamais j'ai un fils, combien
» je l'éloignerai de cette carrière dan-
» gereuse. Mon fils ! mon fils ! lui di-
» rai-je, fuis toute passion immorale,

» fuis un prétendu bonheur qui
» excite l'animosité générale , qui
» empoisonne par les revers et les
» soupçons, le présent et même l'a-
» venir, en faisant douter de toute
» vertu et jetant un doute horrible
» même sur la naissance de nos en-
» fans. »

Mais ce qui m'accablait le plus en
mon malheur , était la nécessité d'ignorer ce que devenait la déplorable
Alexiéna, que j'avais su environnée
de soupçons , de chagrins , de reproches et de tous les orages intérieurs ,
suite des suggestions atroces du vieux
Gormann et de Nersdorff.

La blessure de ce dernier avait encore irrité le prince. Nersdorff n'avait
pas manqué d'insinuer à son maître
que ce duel le compromettait encore davantage aux yeux de l'Allemagne, et que mon refus de rendre

son anneau était une nouvelle injure.

Le bon et trop inconséquent souverain, entièrement dominé par l'infernal Nersdorff, se détermina alors à me redemander lui-même par un billet le *don d'amitié*. Cette demande me brisa l'âme ; j'enveloppai en gémissant, l'anneau *d'alliance* dans quelques anciennes lettres, où le prince me témoignait son attachement, et me parlait de la Duchesse en des termes bien faits pour rassurer l'amant le plus scrupuleux , les lettres enfin écrites au temps où il cherchait évidemment à donner, ou tolérait un ami à sa fille.

Cet envoi, quoique accompagné d'une missive pleine de témoignages d'un respect et d'une soumission sans bornes, irrita le prince au lieu de le calmer, en lui mettant sous les yeux les preuves les plus irrécusables de son inconséquence. Nersdorff ne manqua pas d'exciter de nouveau l'amour-propre de son maître, de parler de la prétendue opinion publique à ce sujet, et du facheux effet qui en résultait pour l'honneur et la politique de Son Altesse vis-à-vis de la Russie. Il s'efforça de peindre mon envoi comme une plus grande offense de ma part, et prétendit que l'on n'avait voulu que m'éprouver par ces confidences. Mais une lettre du prince au conseiller de P*., son secrétaire et mon ami, lettre entièrement dans le même sens que celles que j'avais reçues et qui rendait publique pour ainsi-dire, son indifférence sur la conduite de sa fille; cette lettre, dis-je, que j'avais jointe à mon envoi, faisait tomber entièrement toute supposition d'épreuves à mon égard.

Quoi qu'il en soit, le souverain irrité de cet éclat et même de son peu

de caractère ou de sa contradiction
inouie, prouvés invinciblement par
toutes ces lettres, accabla de reproches la Duchesse, qui anéantie d'ailleurs par la nouvelle de mon duel, de
ma blessure, et par tant d'événemens,
tomba sérieusement malade. Elle demanda pour toute grâce à son père,
de me voir encore une fois lorsque je
serais rétabli.

Je commençais à me soutenir et à
marcher avec un secours artificiel,
lorsqu'un matin Vordack, le valet de
chambre du prince, entra et me pria,
de la part de Son Altesse, de passer
chez Madame la Duchesse.

Surpris, confondu de cette instance,
je m'y refusai. Cependant cette permission, ce sacrifice d'un Souverain
outragé, sacrifice fait à la bonté seule,
me perça le cœur. — « Non, dis-je
» Vordach : ah ! cette prière de Mon-
» seigneur, est le plus vif de ses

» reproches. Je pars. »—Monseigneur
» vous en prie, dit-il les larmes aux
yeux. Entrez, sauvez madame la
» Duchesse, elle se meurt. »

Effrayé, je suivis Vordack au palais; mais je n'osai approcher de l'appartement du Souverain. — « Le
» Prince a prononcé plusieurs fois
» votre nom avec bonté, me dit Vor-
» dack. » — Alors je fus prêt à voler
près de lui, et à me jeter à ses
genoux dans ma confusion et ma reconnaissance. Vordack m'y engagea
lui-même. —» Il vous est attaché au
» fonds, disait-il. Il voudrait vous
» voir. Il vous ouvrirait ses bras, j'en
» suis sûr. Il est là dans son cabinet:
» il vous attend, mais des méchans
» le retiennent. » — J'entendis alors
» distinctement ces mots : « Qu'il
» vienne : qu'il vienne. » Mais Nersdorff parlant tout-à-coup avec force
dans le cabinet, rappela sans doute au

Prince tous les propos de mes lâches délateurs ; car j'entendis le Souverain frapper du pied. Il me sembla le voir céder à mes ennemis. Je ne me trompais pas , il s'éloigna , et la deuxième porte se referma avec bruit.

Accablé , j'allais partir décidément , lorsque Vordack me montra l'ordre positif de m'introduire près de madame la Duchesse. Je voulus en vain m'en défendre. — « Monsei- » gneur vous en prie, répéta son » messager. » — Je me laissai donc entraîner partagé entre deux douleurs cruelles : celle de voir Alexiéna dans un état affreux, et celle de ne pouvoir la consoler qu'en blessant son père, et en manquant de nouveau à mon devoir.

J'entrai plus mort que vif chez la malade. Dès qu'elle me vit, elle se souleva péniblement dans son lit. Le valet de chambre sortit, et nous res-

tâmes seuls. — « Vous m'abandon-
» nez, dit - on, soupira tout. bas
» Alexiéna, ah ! je le sens, il faut
» mourir. » — Je me taisais, baigné
de larmes. — » Voilà donc ce carac-
» tère énergique dont vous vous van-
» tiez? Et moi, voilà la faiblesse dont
» vous m'accusiez sans cesse ? Moi
» seule j'ai du courage, parce que
» seule j'aime ! Que je suis malheu-
» reuse ! » Je lui détaillai alors tout
ce qui s'était passé avec son père,
l'impossibilité de résister à sa colère et à ses droits. — « Ah ! mon
» père est bon , il est juste au fonds,
» reprit-elle, on l'a irrité contre vous;
» mais je le ramènerai à consentir à
» vos visites si rares , qu'il le voudra.
» Quels que soient ses projets d'union
» politique pour moi, il ne peut les
» accomplir s'il veut que je vive, et
» pour vivre il faut que je vous voye;
» il l'a promis, il l'a juré sur moi,

» sur mon ombre, car j'ai été morte
» sept heures de cette nuit. »

— Ah! madame! cette promesse,
» ce sacrifice exigé par la douleur, par
» l'aspect de votre fin prochaine, le
» croyez-vous possible ? Non : la pi-
» tié a promis ! l'orgueil révoquera.
» — Eh bien! partons, fuyons! j'en
» aurai la force. » Cette nuit même!
dit-elle en se soulevant d'un mouvement convulsif.

Cette proposition me fit frémir.
Pour toute réponse, hors de moi,
j'allai chercher dans le cabinet voisin
son fils que j'entendais. Je le plaçai à
genoux sur le lit, et lui dis : « Prie
» Dieu pour ta mère : elle est très-
» malade! l'enfant ajouta : — Et
» pour grand-papa qui est bien triste
» là-bas : je viens de le voir. » Cet
aveu naïf nous arracha des sanglots.
» — Ah! je vous aime, madame!
» j'en atteste le ciel; mais votre res-

» pectable père, vos enfans, mes pro-
» messes, tout, tout ne vous retient-
» il pas?

— » Ah ! vous n'aimez pas ! vous
» n'aimez pas? » répétait sans cesse
Alexiéna dans sa fièvre délirante.
L'enfant passant ses petits bras autour
du cou de sa mère, la consolait, et la
pauvre victime partagée entre tant
d'efforts, était prête à y succomber.
Anéanti de douleur, j'allais sonner
ses femmes, lorsqu'elle m'arrêta le
bras en disant : — « Un instant, un
» seul instant, peut-être le dernier.
» — Ah ! madame ! songez que votre
» père attend, qu'il compte les mi-
» nutes. Il m'a permis de vous voir
» encore. Il l'avait promis. Faut-il
» abuser de sa bonté? J'ai promis,
» juré, madame, et pour un homme
» d'honneur...... — *Madame.... Ma-*
» *dame!* cria-t-elle avec désespoir :
» ah ! il ne m'appelle déjà plus son

» amie! je suis une étrangère pour
» lui. Je suis morte! »

A ces mots elle allait s'évanouir,
lorsque la soutenant dans mes bras,
je m'écriai tendrement : « Eh bien!
» pour la dernière fois! vous l'ordon-
» nez?.... mon amie! » et je rappro-
chai encore plus près d'elle son fils qui
s'écriait de son côté : — » Ma mère!
» ma mère!—Ah! lequel de ces deux
» noms chéris voulez-vous donc per-
» dre? — *Ma mère! ma mère!* répéta l'enfant avec un cri déchirant... Ce cri sacré fut l'ordre de
la nature. La Duchesse enleva avec
désespoir son fils sur son cœur, se
couvrit le visage de son drap, et me
faisant de sa main le signe de partir,
elle consomma le sacrifice.

Abîmé, anéanti, je sonnai ses
femmes. J'entendis la voix de son père
dans le salon voisin. Tant d'émotions
réunies m'entraînèrent. Je partis, et

traversai comme un insensé le palais,
sans lever sur cet excellent prince
des yeux qui l'auraient trop éclairé
sur mon affreux état.

— Horrible poison que l'amour à
» la cour! m'écriai-je en rentrant.
» Bonheur funeste! tu n'es qu'une
» fièvre lente. Pas une lettre, un
» courrier, un événement qui ne soit
» un sujet de terreur. Tes plaisirs sont
» des éclairs, et tes revers sont des
» coups de foudre! Ah! je l'éprouvai
» sans cesse, et sur-tout en ce mo-
» ment : et toi, bon Prince! excel-
» lent cœur! Je te chéris! te regrette.
» Je donnerais ma vie pour toi, quoi-
» que tu ne m'aies procuré que des
» tourmens et pas une faveur. Ah!
» cesse de régner un seul jour, et tu
» jugeras qui de mes ennemis ou de
» moi te chérissait pour toi-même... »
Je passai vingt-quatre heures à achever les préparatifs d'un départ devenu

si nécessaire, d'un sacrifice inévitable
à faire à la raison, à la droiture, à la
morale. La réflexion, malgré ma
douleur profonde, vint me décider à
m'éloigner pour jamais de ces lieux
funestes. Je partis pour Augsbourg.
Là, malgré mon projet d'oublier le
palais de H...., je ne pus m'empêcher
de faire long-temps des efforts pour
savoir discrètement si la Duchesse
Alexiéna était rétablie, et ce qui se
passait dans son intérieur. Quel fut
mon étonnement d'apprendre, au
bout de plusieurs mois de recherches
assez difficiles, que l'infernale Hermann, bien digne après son premier
crime, d'en commettre un second,
avait profité de mon départ pour persuader à sa maîtresse que je l'avais
trompée pour madame de Hornberg,
et qu'elle avait réuni toutes les im-
postures et les perfidies imaginables
pour guérir l'âme de la tendre Ale-

xiéna d'une passion violente ! J'appris
que toute la valetaille s'était réunie
pour m'accabler de calomnies absur-
des, que la furie Hermann avait reçu
une pension de mille florins pour conduire cette intrigue de diffamation ;
qu'enfin la pauvre Duchesse, dont
l'âme était tendre, adorable ; mais la
tête faible et crédule à l'excès, profondément affligée des reproches de
son père, ou de l'idée de s'être perdue
pour un ingrat, avait pris une maladie de langueur, et passait dans
une retraite édifiante le peu de jours
que les gens de l'art accordaient encore à son existence fragile et douloureuse.

J'appris deux mois après la fin
cruelle de l'infortunée Alexiéna, ange
de douceur, cœur céleste, et première victime de sa funeste crédulité. Son père, détrompé trop tard sur
les vils motifs personnels de Gor-

mann et de Nersdoff, était enfin revenu à sa bonté naturelle, à sa justice,
à l'offre même de rendre à sa fille,
un ami qui semblait tenir le fil de ses
jours. Hélas! le coup était porté. Ma
réputation de galanterie était venue
se joindre aux délations de l'infernale
Hermann. La tendre Alexiéna ne
put resister à tant d'émotions et de
malheurs. Elle expira au milieu de sa
famille éplorée, de ses sujets au désespoir, et des secours de la religion
qu'elle invoquait contre ses sentimens
si purs et ses remords si peu mérités.
Ainsi la passion la plus vraie, la plus
autorisée peut-être dans une femme,
par l'abandon public de son époux,
quand il vivait et par sa liberté tardive,
entraîne, même en ce cas, pour elle,
les plus cruelles anxiétés et la fin la
plus déplorable. Ainsi le ciel ne permit pas même qu'Alexiéna mourut
détrompée à mon égard. Notre bon

heur avait été trop grand. Il fallait ce contrepoids terrible : il nous écrasa.

Je pleurai longtems cette femme angélique , trop confiante dans les propos du monde ; et cela , par excès de droiture ; parce qu'elle ne croyait pas au mensonge. Enfin la justice divine me fit trouver mon châtiment dans la qualité si précieuse dont j'avais abusé si souvent près des femmes , dans la bonne foi , mère de la crédulité.

Que de cruelles réflexions me fit faire cette déplorable aventure, surtout en apprenant de nouvelles attaques de calomnies dirigées contre moi à Vienne , à Prague etc. ! en était-ce assez pour donner une terrible leçon aux êtres fragiles en amour ? Je trouvai enfin mes consolateurs dans le souvenir de ma sincérité pendant tout le tems de cette funeste liaison, dans la noblesse de mes sentimens , dans mon aisance, dans mon indépendance que je n'aurais jamais dû perdre, et sur-tout dans l'estime de mes vrais amis, le conseiller privé de P.... et le secrétaire de M....; mais ils étaient Français, c'est à dire francs, désinterressés et sans jalousie. En général si vous trouvez dans nos petites Cours d'Allemagne, et au jour de la disgrace, un appui généreux, un cœur noble, loyal, fièrement indépendant de la crainte et de la puissance, soyez sûr que c'est un Français.

Mais il ne suffisait pas pour la morale, que mon âme fût déchirée par tant de coups, il fallait encore que je connusse le péril extrême d'aimer à la Cour, même avec autorisation et approbation tacite du souverain.

Le prince de M.... certain d'avoir été refusé par suite de ma liaison avec la duchesse Alexiéna, et convaincu d'ailleurs que, d'après le retour du père de la duchesse à la coalition, il eut fini par obtenir la main de Son Altesse, sans le coup mortel que notre séparation lui avait porté; le prince de M..... dis-je, devint mon plus mortel ennemi. Il me peignit près du souverain du Nord, le plus influent au congrès, comme un espion et un agent secret de la France; et grâce aux réponses évasives ou calomnieuses de Gormann, de Nersdorff et de tous les agens du prince de *** disposés à me noircir, je fus enlevé presque sans explication et traîné en Sibérie.

Je ne décrirai pas tous les tourmens d'un voyage horrible sur un misérable kibitz, exposé au froid le plus rigoureux, aux horreurs de la faim et aux traitemens indignes d'un conducteur féroce. Tous ces affreux détails ressemblent trop au sort de l'infortuné comte de Munik, de Menzikoff et de tant d'autres exilés, peut-être moins innocents que moi. Il suffira de dire que transporté à Tobolsk , presque mourant , j'eus le bonheur de trouver dans un de mes vêtemens une lettre du prince de *** où il me parlait de sa fille Alexiéna , avec une confiance et une galanterie légère qui ressemblaient tellement à un conseil indirect de lui plaire et à une insinuation de l'éloigner de l'hymen projetté avec le prince de M.... que cette lettre me parut devoir être mon salut.

Je fus dans peu de tems assez lié avec le gouverneur , pour obtenir qu'il voulût bien faire parvenir cette lettre avec un mot d'explication respectueuse à l'auguste souverain qui m'avait fait détenir , afin qu'il pût connaître les vrais motifs qui avaient dirigé ma conduite et celle de mes persécuteurs.

L'effet fut , grâce au ciel , tel que je l'avais espéré d'un monarque connu par sa bonté , mais aussi par son équité etsa moralité sévères. Un mois après je fus rendu à la liberté ; toute fois avec injonction formelle de sortir de Russie, où le prince de M.... avait de l'influence. Ainsi la force de la vérité l'emporta enfin ; mais jusques-là que de leçons et de revers terribles m'apprirent que l'amour à la Cour , inspiré , partagé même par les femmes qui y dominent, est un des plus grands malheurs qui puissent affliger une âme tendre ! que ce qui convient au prince dans un tems , y est blâmé dans un autre ; que le faible y est constamment sacrifié ; que la droiture , la bonté et l'obéissance même y sont immolés au moindre motif politique : et qu'enfin tous les bas flatteurs , les parasytes et les vils sicaires du pouvoir, y deviennent , au premier orage , les échos de la calomnie , pour satisfaire à-la-fois leur basse jalousie ou leur ambition.

Je m'éloignai donc avec ce senti-

ment douloureux d'une profonde injustice, et cette fois avec la convic-
tion entière de mon innocence.

Pour m'arracher à mes tristes idées,
je fis quelques mois après, un voyage
à Achaffenbourg, afin d'y voir mon
ami Séricour. Il était au château de
F.... à son petit gouvernement et je
m'y rendis sans hésiter. Je lui racon-
tai mon aventure avec la duchesse.
« — Je l'avais prévu à ..... me dit-
» il, souviens-t-en ; les amours de
» Cour coûtent trop cher ! beaucoup
» de chagrins, d'ennemis et peu de
» plaisir, voilà le résultat : les grands
» t'appelleront ingrat, ignorant que
» tu n'as fait qu'obéir aux insi-
» nuations du prince. Les hypocrites
» t'appelleront *séducteur*, pour avoir
» cédé à un sentiment vrai et autori-
» sé près d'une princesse qu'ils con-
» voitaient eux-mêmes. Enfin les pa-
» rasytes et les salariés n'oseront te

» lever leur chapeau, de peur de per-
» dre un dîner ou un salaire de l'idole;
» mais ton caractère, ta conduite et
» tes sentimens d'honneur te plaçent
» au-dessus de ces misérables calom-
» nies. Crois-moi, console-toi, imite
» ton ami. Je viens de m'engager dans
» les nœuds de l'hymen, je suis heu-
» reux; et après les orages de la vie, le
» calme de la solitude en est plus dé-
» cieux.

Je lui objectai mon peu d'aptitude
à ce lien; que d'ailleurs si je m'y déci-
dais dans l'avenir, une seule femme
au monde pouvait me faire connaître
un jour le bonheur; c'était Miss K. —
» Miss K, sécria-t-il, j'ai vu à Dresde
» dernièrement son père, ami intime
» d'un des commissaires anglais, c'est
» à dire conseil bénévole et guide de
» lord C....t. — Ce nom me fit tres-
saillir, j'achevai de raconter à Séricour mon aventure en Angleterre

avec la jeune miss, récit que je lui avais commencé à... chez le Primat.

— « Deux obstacles de plus se pré-
» sentent mon cher: reprit-il, non-
» seulement la méfiance du père au su-
» jet de ton inconstance; mais encore
» tes dernières aventures à la Cour
» qui ont fait du bruit à Vienne. Ce-
» pendant lord K. devrait être plus in-
» dulgent d'après l'anecdote dont il
» vient d'être le sujet à Munich, et
» où il parait avoir dérogé fortement
» à son systême de sévérité en mo-
» rale.

Quoiqu'il se fut écoulé un an depuis mes derniers malheurs, j'étais peu disposé à recueillir cette anecdote, mais comme elle peut reposer les idées tristes du lecteur, je laisse parler Sericour.

« Lord K. me dit il, pendant le sé-jour qu'il a fait dans la capitale de la Bavière, a voulu, suivant son usage cynique, y avoir une maîtresse libre, indépendante, et surtout point mariée. Il a désiré qu'elle fût choisie dans la classe de la petite bourgeoisie, et en a chargé son officieux ami, le capitaine Barmer, qui s'était prêté quelquefois à cette complaisance pour se rendre le beau-père favorable. Quelles mœurs, tout en nous critiquant! Le capitaine Barmer que je voyais souvent, m'a prié de l'aider en cette circonstance; et, autant pour me venger de cette impertinente mission, que pour donner une leçon d'indulgence au noble lord et à son ami, voici ce que j'ai imaginé.

» Notre diplomate ne va jamais au spectacle. Il passe ses soirées à boire du punch, à disserter ou ennuyer sa maîtresse du jour. Il ne connaissait pas Mademoiselle Lud***rs, charmante actrice du théâtre de Munich, avec laquelle j'ai eu quelques anciennnes liaisons. Je savais qu'elle avait beaucoup de dettes, je lui ai promis de les lui faire payer dans peu, si elle voulait seconder mon plan. Elle est folâtre, étourdie et prodigue à l'excès. Elle a accepté, et le plaisir de jouer notre grave lord n'y a pas peu contribué.

— » Eh bien! avez-vous trouvé
» ce qui nous convient? *le petit gri-*
» *sette?* m'a dit Barmer, quelques
» jours après notre projet. — Mon
» valet de chambre a trouvé ce qu'il
» vous faut. Un phénix de beauté,
» de sagesse et d'innocence. —Véri
» vell! s'est écrié Barmer, et notre
» ami lord K. va être enchanté de
» la trouvaille. — Elle ira le voir
» demain matin avec sa tante, mais
» qu'il ménage bien les procédés et
» l'innocence de la jeune Fritze.
» ( Frédérique. ) »
» Barmer, de son côté, sans avoir

vu Mademoiselle Lud***rs, dont milord se montrait d'avance fort jaloux, et qu'il voulait cacher même à ses amis, est allé faire le galant près des dames de la cour, où il a été joué plaisamment de son côté, comme on le verra ci-après.

» Le lendemain, Mademoiselle Lud***rs affublée du petit bonnet bavarois et de la jupe courte, rouge, galonnée, jolie, plus jolie que jamais, a été conduite par la duègne de la troupe de Munick, Madame Barmann, au noble lord K. qui a paru ravi de sa nouvelle conquête. Après avoir payé largement la duegne, prétendue tante de Fritze, il l'a congédiée et a entamé la conversation suivante :
— « Approchez, joli petit grisette !
» Que faites-vous dans Munick ? —
» Je m'occupe de toutes sortes d'ou-
» vrages, milord. » (En effet, le ré-
pertoire du théâtre est varié.) — «J'en-

» tends, la petite! les modes, les
» broderies? — Oh oui! milord, je
» brode beaucoup. — Fort bien!
» avez-vous un amoureux? soyez fran-
» che? — Oh! oh! milord. — Par-
» lez, le petite, vous rougissez? avez-
» vous eu l'amoureux? heim? —
» Il s'en présente tous les jours. — Et
» vous acceptez? heim? — Comment
» se pourrait-il, milord? je ne les re-
» çois jamais seule. — Bien sûr? —
» J'ai toujours soin qu'il y ait des té-
» moins, je vous assure. — Bien vrai?
» Plus il y en a, plus je suis contente.
» — Comme elle est sage!... Fort
» bien! le petit Grisette! — Mais ce
» qui me désole, c'est que mon père
» veut tous les jours me marier (elle
» joue les amoureuses). — Oh le mau-
» dit papa! et vous refusez?... — Pas
» toujours. — Comment? — J'ac-
» cepte pour avoir la paix; mais l'ins-
» tant d'après, je leur donne leur

» congé. — Ah! ah! ah! fort bien! le
» petite rusée. — Oui, riez, riez; mi-
» lord, mais aujourd'hui je crains fort
» de ne pas m'en tirer aussi bien. —
» — Comment donc ? — Eh oui! mon
» père veut me forcer ce soir à épou-
» ser *Bernardone*. (On donnait le
» même soir *Gianina* et *Bernadone*).
» — Eh quel est ce Bernardone ? — Un
» vilain paysan. Parce qu'il est riche.
» — Et le papa il veut pas donner de
» dot ? — Tout juste, il ne donne ja-
» mais rien à ses enfans, au contraire.
» — Le vilain avare! achevez la pe-
» tite? — Eh! oui, il espère que Ber-
» nardone lui vaudra aujourd'hui trois
» cents guinées au moins; voilà pour-
» quoi il me force à l'épouser ce soir
» même..... ah! si j'avais cet argent...
» — « Vous pas épouser le Bernar-
» done ? — Non sans doute! et je lui
» donnerais son congé encore plus vîte
» après les accords. — « Tenez ,

» portez vîte les trois cents guinées au
» papa, je vois que c'est un tyran. —
» Oh ! bien souvent tyran ! mylord ! je
» vous assure. — Allez, allez la pe-
» tite ! et revenez demain quand vous
» aurez renvoyé le Bernardone à tous
» les diables. — Dès ce soir, milord
» je vous le promets.

» Le lendemain la jolie Lud...rs.
toujours en modeste et piquante
Fritze, arrive tout en pleurs chez
milord qui la rassure et lui fait les
questions les plus empressées. —
» Vous pleurez le *petit grisette !* —
» Ah ! que je suis malheureuse ! Ah !
» que ces pères tyrans sont méchans !
» — Qu'a-t-il fait le tyran ? le Ber-
» nardone ? — Je ne l'ai point épou-
» sé, grâce à vous et aux trois cents
» guinées; mais ma mère, ma pauvre
» mère ! — Eh bien ! le mère ? —
» Mon méchant papa veut absolument
» qu'elle soit servante. (En effet le

directeur son père lui fait jouer les
soubrettes.) — » Servante ! servante !
» pauvre petite ! la mère de ma maî-
» tresse ? non ! non ! — et pourtant
» milord, cela sera dès ce soir, si mon
» père ne trouve pas deux cents gui-
» nées pour payer nos dettes. — Mais
» goddem ! comment le père dépen-
» se-t-il tant d'argent ? — Hélas ! mi-
» lord ! il joue tous les jours et ma
» mère aussi. — Des jeux de hazard
» donc ? — Tout juste , milord , les
» dez ne sont pas pires que ce qu'ils
» jouent. — Ah le maudit habitude !
» il faudrait lui faire voir le Be-
» verley au papa. — Bah ! il l'a vu
» et cela n'y fait rien, au con-
» traire il n'en joue que plus
» fort quand il le voit ! (c'est son rôle)
» que je suis malheureuse ! — Ne
» pleurez pas , le petit grisette ! — ma
». mère , servante ! hi ! hi ! hi , pour
» deux cents guinées! hi ! hi ! hi ! — ne

» ne pleurez donc pas, le petite! portez
» les deux cents guinées, et que le mère
» n'entre plus en condition. — Ah !
» généreux milord ! que de bontés !
» — Allez le petite , en vérité il n'y
» à que les grisettes pour avoir de tels
» sentimens.

La piquante Lud...rs commençait
à se faire scrupule de la duperie de milord K. et ne revint pas de quelques
jours. Lord K. qui la cherchait partout, rencontra dans la rue , la duègne
qui la lui avait amenée et la força de le
conduire chez sa maîtresse. Il voulait
absolument la voir, il fait monter de
force la vieille dans sa voiture et se
fait conduire à la maison de Fritze.
La pauvre duègne, madame Barmann
a beau se défendre ; il faut accompagner milord à l'appartement modeste
de sa belle ; en vain madame Barmann se précipite pour avoir le tems
de prévenir la fausse Fritze, ou lui dire

de se faire céler, lord K. talonnant la duègne, arrive presqu'aussitôt qu'elle à la chambre de mademoiselle Lud..rs.

« Là, une scène plaisante les attendait. Mademoiselle Lud...rs répétait justement avec l'acteur Briz... une scène de la Pucelle d'Orléans de Schiller, qu'on jouait le soir même à la Cour. Briz... était aux genoux de mademoiselle Lud...rs et déclamant avec passion son rôle, ne s'appercevait pas de l'entrée subite de lord K. Ce dernier, à la vue d'un jeune homme aux genoux de Fritze, s'élance comme un furieux, et reprochant, en anglais, à Fritze sa perfidie, il terrasse l'acteur Briz.... qui, jurant à son tour, en allemand, se relève en boxant avec le noble lord, qui lui était inconnu. Briz..., ne sachant que l'allemand, veut en vain expliquer à milord qu'il joue une scene de théâtre ; le titre de la pièce, le mot *pucelle* qu'il répette sans cesse et seul mot que milord entende, redouble la fureur de notre anglais qui criait : — « *Goddem!* que » vous importe que le petite grisette » il ait cette qualité? Ça ne vous re- » garde pas! » Briz.. toujours repous- sé, n'en était que plus furieux. Made- moiselle Lud...rs cachant son envie de rire, se gardait bien d'expliquer la méprise : elle eut révélé son état et tout le passé. Elle laisse donc enveni- mer la confusion des langues et écrou- ler cette nouvelle tour de Babel par l'arrivée des gens de milord qui mi- rent Briz.... à la porte.

« Lord K..., resté seul, exhale alors toute son humeur contre la fausse Fritze, qui lui répond naïvement : — « Est-ce ma faute? Cet insensé a » appris que j'étais une nouvelle » Jeanne d'Arc, et sur cet avis, il » s'est enflammé, il est accouru pour » m'épouser : il prétend être mon

» Dunois ce soir. ( C'est l'emploi de
» Briz... ) — Le impertinent ! et moi
» je serais le Chandos, non ! non !
» — Imaginez, Milord, qu'il prétend
» m'enlever ce soir même : mais...
» — Nous y mettrons bon ordre. Lais-
» sez faire, le petite. — Oh! je ne
» crains rien, j'aurai justice! je pa-
» raîtrai devant le Roi. ( En effet elle
» jouait à la Cour. ) — Mon pouvoir
» il suffit, dit Milord. Je empêcherai
» bien. Je vais à la Cour, et je porte-
» rai plainte. A ce soir! le joli petit
» grisette ! après mon retour du palais.

» Le soir même, il y avait gala pour
la fête du Roi, et spectacle. Lord K...,
forcé d'y assister, était dans la loge
de lord Stuwart. Son aventure avait
déjà fait quelque bruit. Dès que mademoiselle Lud....rs parut en scène, rien
ne peut rendre la surprise et la figure
comique que prit alors son protecteur
dupé. Se redressant, et se rasseyant

tour-à-tour, employant ses yeux étonnés et sa grande lorgnette, il disait entre ses dents : « *Goddem !* c'est le » *petit grisette !* Quand mademoiselle Lud...rs s'avança sur la scène en déclamant, la rougeur du noble lord fut à son comble, ils écria tout haut :

— « *Goddem !* c'est inconcevable ! » c'est le petit grisette !

» Et combien son embarras redoubla, quand il s'aperçut que toute la jeunesse de la cour avait les yeux sur lui, et riait mystérieusement ! Enfin la gaîté et la rumeur s'accrurent à tel point, lorsque mademoiselle Lud...rs adressa dans son rôle de Jeanne-d'Arc une apostrophe ironique aux Anglais, que milord ne résistant plus aux sarcasmes qu'il entendait, se sauva en prétextant un saignement de nez, et cachant avec son mouchoir sa fureur et sa petite honte.

» Ce n'est pas tout. L'aventure devint encore plus comique, quand milord arriva sous le vestibule. Le capitaine Barmer y descendait, par un autre escalier, en jurant comme un possédé. Il se rencontra nez à nez avec lord K.... Tous deux étaient furieux. « — C'est abominable, disait lord K.... — C'était une horreur! criait Barmer. — « Les femmes sont » des serpens de perfidie. — Ce sont » de véritables démons de subter- » fuges. — Les actrices surtout, capi- » taine! — Oui, milord, toutes les » femmes sont des superchéries. — » Vous savez quel tour?.... — *God-* » *dem!* si je le sais. — Scélérate de » Lud....rs! — Chienne de Lud...rs! — » jouer le petite grisette! — Jouer la » comtesse de Crompirs! — Eh non! » c'est le petit grisette, je vous dis. » — Eh non! ce était la comtesse de » Crompirs. — C'est le grisette Fritze » qui m'a escamoté 5oo guinées. —

» — C'était la comtesse Crompirs qui
» m'avait emprunté 100 guinées pour
» son procès. — Quoi! cette le même?
» — Le même qui l'avait joué un
» tour à tout les deux. Oh! oh! oh!
» lé maudite intrigante de stratagême!
» Mais il faut nous taire, Milord,
» pour ne pas donner le risée à toute
» lé compagnie que voilà. Sauvons-
» nous. »

» Tous deux se jetèrent alors dans
leurs voitures, voyant que les rieurs
s'assemblaient et les poursuivaient
jusqu'au-dehors. Les plus malins cou-
rurent aux recherches le lendemain :
l'on sut que Barmer qui n'allait jamais au spectacle, et qui avait la ma-
nie des grandes dames, comme Milord
celle des grisettes, avait été dupé de
son côté, par mademoiselle Lud....rs
qu'il ne connaissait pas, et qui, d'a-
près les conseils de quelques étourdis,
s'était fait présenter le capitaine en

qualité de comtesse de Crompirs. Elle lui avait, en effet, emprunté, sous ce nom, cent guinées, pour un procès supposé. Mais le beau-père, lord K... avait été, ici, plus heureux que le prétendu futur, car il avait eu ses épices de la petite Fritze, et Barmer n'avait vu que les pièces de la procédure de la comtesse de Crompirs.

» Cette anecdote scandaleuse, con-viens-en, devrait engager Milord à être plus indulgent pour les torts d'une galanterie décente ; mais têtu comme un vrai breton, je ne vois que des services politiques qui pussent un jour te rendre le père d'Emma favorable.» Ainsi se termina le récit de mon ami.

— Je l'avouerai, mon cher Séri-cour, lui répondis-je, il est possible que mes tendres sentimens pour miss K..., et la perspective, même douteuse, qui me reste de la fléchir, ainsi

que son père, par ma constance et
mes services; il est possible, dis-je,
que cet espoir me décide à solliciter
de l'emploi hors de l'Allemagne.
— « Eh bien! je connais lord St...,
» me dit-il. Je te présenterai. Tu ten-
» teras de voir lord K...., et une fois
» chargé de missions importantes,
» dont tu te tireras, j'en suis sûr, avec
» honneur et dextérité, il faudra
» bien que lord K...., son ami, de-
» vienne, malgré lui-même, ton pro-
» tecteur, et, peut-être, un jour,
» prenne un titre plus doux. »

—» Mais où est lord K.... en ce mo-
» ment? — Il est parti pour l'Espagne.
» pour l'Espagne! où il a conduit sa
» fille Emma afin d'y recueillir une
» riche succession du côté de sa mère.
» — Cet avis me décide. Je pars, et
» j'irai y servir comme Lasci, Bach-
» man, et tant d'autres officiers alle-
» mands, mes compatriotes, toute-

» fois après m'être mis en règle ici.
» — Je l'entends bien ainsi, répartit
» Séricour, comme général-major
» autrichien, tu demanderas un congé
» à Vienne. — A la bonne heure.

Ce projet me flattait de toutes manières. Je n'étais pas fâché d'ailleurs de quitter l'Allemagne, où le souvenir déchirant de la Duchesse Alexiéna, et des persécutions qu'elle m'avait causées, me poursuivait encore. Je quittai mon cher Séricour en le remerciant de ses conseils. Il partit pour Fulde, et moi pour Vienne, où je pris un congé et des ordres pour gagner l'Espagne et Madrid.

Afin d'y arriver, à mon retour, je traversai la France que je n'avais vue depuis 19 ans ; avec quel plaisir je retrouvai mes amis de Strasbourg et ceux des principales villes où j'avais commencé ma carrière militaire, il y avait près de ving-cinq ans ! mais que de

tristes souvenirs m'y suivaient, surtout en approchant de Paris et de la
ville de Sens; où j'avais laissé la pauvre Louise enceinte et en démence
à l'hospice de cette ville. C'est alors
que le tableau de ma légèreté et de
mon inconstance se déroula cruellement à mes yeux. — « Que de fautes,
» d'erreurs j'ai commises depuis ce
» tems ! me disais-je ; et pourtant
» cette leçon seule n'aurait-elle pas dû
» m'arrêter sur le bord du précipice ?
Ce retour sur moi-même, me décida à faire un détour ; et à passer
par Sens pour connaître le sort de ma
première victime. Je l'avoue ; le cœur
me battait fortement en traversant
la rue du Père Mallet, pour me diriger à l'hospice. J'y arrivai avec une
émotion profonde, malgré le long
tems écoulé, et j'allai trouvai l'économe de cette maison, qui, ne me re-
connaissant point d'abord, fit quel-

6 *

ques difficultés de me donner des détails sur une famille qui n'était point
la mienne; mais quand je lui rappelai les 2,000 florins que j'avais
fait verser à sa caisse, il y avait
vingt ans, ainsi que mes chagrins et
mes visites à cette époque, il me remit enfin avec une espèce de terreur
bien faite pour m'humilier.— «Qu'est
» devenue la malheureuse Louise?.
» Vit-elle encore? m'écriai je » —
» Elle existe.— Sa tête ?— « Est ré-
» tablie, sa raison parfaite, sa con-
» duite exemplaire et le modèle des
» bonnes mères.— «Dieu soit loué!»
je le suppliai alors de vouloir bien me
donner quelques détails sur le séjour
et la guérison de l'infortunée Louise.
Mon état d'inquiétude, mes prières
et les bienfaits que j'avais offerts de
nouveau à l'hospice, le portèrent à
me satisfaire.— «Je ne me ferai point
» un mérite, me dit-il, de mes soins,

» et d'avoir rempli mon devoir en
» cette circonstance ; mais j'avouerai
» que jamais ces soins ne furent plus
» pénibles et plus cruels d'après l'état
» affreux de votre victime. Nous avions
» bien ici, des femmes en démence
» par suite d'une passion malheureuse ;
» mais jamais un si grand caractère
» joint à un si grand malheur n'avait
» été offert à nos yeux. D'ailleurs,
» une folle, enceinte et ignorant tout
» le prix du fardeau précieux que lui
» a confié la nature, la nécessité de
» prévenir sans cesse ses fureurs et
» son désir de détruire son fruit, hé-
» las ! sans qu'elle sache de quel prix
» il est pour une mère ; tous ces ta-
» bleaux des misères humaines et les
» précautions qu'ils nécessitent dou-
» blaient nos alarmes et notre sur-
» veillance ; mais grâce au ciel, le suc-
» cès a rempli notre espoir.

Je le suppliai de continuer, il y
consentit :

— « Aussitôt que Louise fut arri-
» vée et confiée à ma garde, je lui fis
» donner une chambre séparée et
» tranquille, dont les croisées pre-
» naient jour sur un verger riant;
» mais malheureusement cette cham-
» bre était boisée en sapin ! En y en-
» trant Louise s'écria : — « la voilà
» donc, traître Jacques ! notre cham-
» bre, oh ! il n'est plus tems. Ce
» n'est pas celle-la qu'il me faut ! elle
» est trop grande, c'est la petite ! la
» petite que tu as faite hier. »

« Alors le père Mallet désespéré m'ex-
» pliqua que cette petite chambre était
» sa bière, à laquelle votre victime
» vous avait forcé à travailler vous-
» même. Elle la demandait sans cesse,
» et les premiers jours se passèrent dans
» des instances bien pénibles de sa part
» pour obtenir qu'on lui remît ce der-
» nier asile ; mais le spectacle le plus
» affreux pour nous, était de la voir

» constamment prête à se livrer à l'in-
» fanticide sans le savoir. — « Elle-
» est trop petite, trop petite à pré-
» sent, la chambre que tu m'as faite !
» criait-elle, traître Jacques ! nous som-
» mes deux à y placer, oui deux ! car
» qui est-ce que j'ai donc là, devant
» moi ?... Il semble que c'est un autre
» Jacques, un méchant, un traître
» aussi... retire-toi, traître! tu t'accro-
» ches à moi, tu me serres, tu veux
» m'étouffer ? Ah ! n'est-ce donc pas
» assez de ton méchant père qui m'a
» percé le cœur ?

» L'infortunée alors, croyant se
» débarrasser des bras de Jacques, se
» frappait, se meurtrissait, et cent
» fois a failli détruire sa progéniture,
» dont elle semblait abhorrer la
» source.

» Que de peines et d'inquiétudes
» nous donnait cette innocente créa-
» ture pour conserver ses jours et ceux

» de son fruit ! nous fûmes obligés de
» la faire garder à vue ; cependant
» quelquefois le cri sacré de la nature
» surmontait celui de la démence,
» sur-tout quand elle sentit s'agiter
» dans son sein votre image vivante.
— Oh non! ce n'est pas un nouveau
» Jacques ; » disait-elle, car je l'aime.
» Il ne me fait pas de mal celui-là : il
» s'appuie sur mon cœur, il est là,
» contre moi, toujours ! il ne me quit-
» tera jamais, il m'aimera, je l'espère
» car je l'aime tant ! oh ! il serait bien
» ingrat.

» Le tems de sa grossesse s'écoula
» sans lasser nos précautions et sa
» douleur souvent muette ; mais rien
» n'annonçait le plus léger progrès
» dans le retour de sa raison. Le mé-
» decin de l'hospice redoutait même
» beaucoup l'époque de sa délivrance
» comme une crise funeste, nous en

» frémissions tous. Le ciel trompa
» heureusement notre effroi.

» Quand Louise sentit les pre-
» mières douleurs de l'enfantement,
» la femme qui la gardait à vue, ac-
» courut nous chercher, je volai près
» d'elle avec l'accoucheur : quelle
» scène terrible nous attendait. La
» malheureuse ignorait doublement
» son état et ses douleurs inévitables,
» autant par inexpérience, que par
» l'absence de sa raison. Dans ses
» souffrances horribles, elle ne ces-
» sait de reprocher à Jacques ses tour-
» mens, elle voulait attenter sur elle-
» même et l'accoucheur avait grand
» peine à la contenir; mais aussitôt
» qu'elle entendit le premier cri de
» son enfant, ce cri si attendrissant
» pour une mère et qu'elle semble
» pousser elle-même, en doublant
» son existence, Louise parut trans-
» formée. Une révolution subtile s'o-

» péra en elle. Un silence profond,
» un regard paisible, des larmes
» abondantes et douces indiquèrent
» un changement total dans son
» être. On mit alors l'enfant sous ses
« yeux — c'est lui ! dit-elle, c'est lui !
» lorsqu'il n'était pas encore méchant
» et qu'il n'avait fait de mal à per-
» sonne. Oui voilà ses traits, ô mon
» enfant, ne garde que cette res-
» semblance avec ton père.

» Dès ce moment, l'on jugea que
» cette crise avait totalement changé
» les facultés intellectuelles de Louise;
» mais on craignait un retour, et le
» docteur n'était point d'avis de la
» laisser nourrir ; néanmoins quand
» on voulut l'en empêcher, le cri de
» la nature fut plus fort que nos pré-
» cautions et nos systèmes. Louise
» entra dans un tel désespoir qu'on
» crut quelle retombait en démence,
» et qu'il fut décidé qu'on lui laisse-
» rait son enfant.

Ici j'interrompis malgré moi le bon prêtre.

— Innocente créature ! m'écriai-je avec joie, ah ! monsieur ! que ne vous » dois-je pas, dis-je avec effusion à l'économe.. « Comme je vais dédomma-» ger sa mère de tant de peines en la » comblant de biens et de tendresse ; » mais qu'est-il devenu cet enfant.

— » Il respire, vous le saurez ; mais » attendez la fin de cette étrange his-» toire. » Il reprit son récit :

« Louise rétablie, en remplissant » doublement les devoirs de mère, a » vu renaître entièrement sa raison » et ses goûts laborieux et purs. Bien-» tôt le père Mallet si long-tems ab-» sorbé par la douleur, est venu cher-» cher sa fille, que les voisins ont » voulu emmener avec une espèce de » fête et de triomphe religieux, jus-» qu'au sein de ses foyers.

» Là, cette honnête fille, estimée

» universellement, a passé deux an-
» nées entières dans une retraite ab-
» solue à élever son enfant et à tra-
» vailler, toujours ignorée, ne pa-
» raissant qu'à l'Eglise, à la pointe du
» du jour, chaque dimanche pour
» rentrer aussitôt après dans sa soli-
» tude profonde. Une conduite si
» exemplaire, après tant de malheurs,
» une beauté qui semblait s'accroître
» avec ces malheurs même et avec
» l'âge, ont fixé enfin l'attention d'un
» riche célibataire de la ville. M. D..
» honnête bourgeois, jouissant d'une
» grande aisance et qui avait refusé
» jusques-là tous les partis, par suite
» d'un système prononcé contre
» l'éducation moderne des filles,
» préféra une infortunée dont l'âme
» était éprouvée, à tant de jeunes
» beautés dont le caractère ou la
» conduite future étaient des pro-
» blèmes.

» Il demanda au père Mallet la main
» de Louise. Celui-ci crut d'abord qu'il
» plaisantait, et voulut s'en fâcher ;
» mais monsieur D. lui parla si sérieuse-
» ment, qu'il ne put s'empêcher de
» le présenter à Louise, avec laquelle
» il voulait avoir un entretien secret.
— « Mademoiselle, lui dit-il avec
une bonhomie loyale et franche,
» ce n'est point votre beauté seule qui
» me porte à vous demander en ma-
» riage. C'est votre faute même, et
» la manière cruelle et touchante dont
» vous l'avez expiée. C'est votre con-
» duite estimable, soutenue et qui an-
» nonce une délicatesse éprouvée,
» quand tout serait à éprouver dans
» une autre : consentez-vous à m'ac-
» corder votre main ?

» La modeste Louise, surprise au
» dernier point d'une telle offre, rou-
» git beaucoup, rappela à monsieur
» D.... tous ses revers et la publi-

» cité qui en était la suite.—» C'est jus-
» tement ce qui vous honore, répliqua
» monsieur D. — « D'ailleurs, mon-
» sieur, ajouta-t-elle, pensez-vous
» que l'être que j'ai tant aimé et qui
» m'a causé tant de peines, que le père
» de mon enfant enfin, puisse jamais
» m'être entièrement indifférent?
» non, non, vous ne le croyez pas.
» Laissez donc dans son obscurité,
» une pauvre fille pour qui la solitude
» est nécessaire, et l'oubli un bien-
» fait.

— « Cette franchise vous rend
» plus digne encore de ce que je veux
» faire pour vous, ajouta monsieur D..
» outre que le comte de G.... est pour
» jamais dans les pays étrangers, je
» connais trop votre âme énergique
» et vertueuse, pour avoir jamais à
» craindre le plus léger retour à un
» sentiment que tout doit étein-
» dre, Consentez donc à recevoir

» ma main, j'adopterai votre enfant
» je le comblerai de biens et jetterai
» ainsi à jamais un voile sur le passé.

» Le père Mallet, transporté de
» joie, d'admiration, embrassait tour-
» à-tour monsieur D... et sa fille ; il la
» pressait, malgré ses refus de se ren-
» dre à tant de générosité et d'ins-
» tances. L'idée de donner un nom
» et un sort heureux à son enfant,
» faisait cependant hésiter Louise ;
» elle finit par demander un quin-
» zaine de jours pour se consulter et
» se décider. Ce terme écoulé, elle
» accepta, mais sous la condition ex-
» presse qu'on ne lui parlerait jamais
» de vous; que votre nom ne serait pas
» même prononcé en sa présence et
» que son enfant prendrait le nom de
» monsieur D... qui voulait bien l'a-
» dopter.

Quel dénouement cruel au récit
de l'économe !

Je l'avoue, cette derniere demande de Louise, cette preuve d'oubli ou de mépris me fit soupirer profondément. Je remerciai l'économe de tous les détails qu'il avait bien voulu me fournir. Je lui donnai de nouveaux secours pour cette maison d'infortune, et je volai dans la ville chercher d'autres informations sans me faire connaître. Tous les renseignemens que je pris à mon auberge et à d'autres sources, me confirmèrent que madame D.. menait la vie la plus exemplaire, et qu'elle jouissait de l'estime universelle ; mais qu'elle se refusait absolument à voir le monde : enfin je sus qu'elle gardait une retraite absolue dans une belle maison, sise au faubourg de Troyes.

Quoique l'esprit tranquillisé par tout ces récits, je ne pus me résoudre à partir sans avoir au moins entrevu Louise et cherché à embrasser l'être chéri auquel elle avait donné le jour.

Dans ma précipitation, j'avais oublié de demander à l'économe si c'était un fils ou une fille dont j'étais père; j'allais, en retournant à l'hospice, m'en assurer, l'orsqu'une affaire pressante me conduisit au faubourg de Troyes. Je passais justement devant la maison de monsieur D., j'étais en uniforme, allant faire visite au Maire, qui demeurait dans ce faubourg. La grille du jardin de monsieur D... était ouverte. Je ne pus résister à ma curiosité et au désir d'entrevoir Louise. Je m'arrêtai à la porte du Jardin. Une jeune personne de dix-huit ans environ, s'y promenait : je la regarde et pousse aussitôt un cri de surprise. Sa ressemblance avec Louise était si forte, que ne doutant plus que ce ne fut là ma fille, j'entrai précipitamment, et entraîné par un sentiment de tendresse invincible j'allai à cette jeune personne, et la pressai sur mon cœur.

Surprise, épouvantée, elle pousse des cris perçans, et ne peut entendre les expressions paternelles que je lui adresse. A l'instant un jeune officier, me voyant presser cette belle fille dans mes bras, s'élance d'une allée voisine, met l'épée à la main, me charge sans ménagement, et à tel point, que pour me défendre, je suis forcé de tirer mon épée; mais en voulant le désarmer, le malheureux s'enferre et tombe à mes pieds baigné dans son sang.

Au moment même, madame D.... elle-même accourt du rez-de-chaussée au bruit, et s'écrie : — « Grand » Dieu ! c'est le comte de G.... il a » tué son fils ! et il outrageait ma » fille.

Ce double coup de foudre m'attère. Je vois d'un trait ce que le hasard, ma méprise et la juste méfiance de Louise sur mes passions doivent faire croire. Monsieur D***, accourt au bruit, et secourant sa fille avec les expressions les plus tendres, me confirme toute l'étendue de ma fatale erreur; mais ces pénibles sentimens le cèdent à l'idée affreuse d'avoir frappé mon malheureux fils sans le vouloir, et bien qu'il se fût enferré lui-même.

Je m'élance désespéré pour étancher le sang de ma touchante victime, qui, elle-même sent redoubler ses douleurs en entendant les cris de Louise, de sa malheureuse mère, qui m'accusait de combler ses tourmens en lui arrachant ses enfans. Hélas! en quel moment, en effet, mon fils retrouvait-il son père? en le croyant capable d'outrager sa sœur et en recevant de lui le coup mortel!

La terreur de madame D... me fit craindre un moment qu'elle ne retombât dans son état de démence. Je voulus la soutenir, mais elle me repoussa avec force en disant à M^r. D...: — « éloignez cet homme, cet artisan de » tous nos malheurs. Ah ! le ciel » le punit dans ce qu'il a de plus » cher : mon fils ! ô mon malheureux » Edouard ! »

Je suppliai M^r. D... de ne voir en ce moment que la douleur d'un père. Il fut touché de mon état affreux; et tandis que Louise, presque évanouie, était reconduite par sa fille, M^r. D... fit transporter Edouard dans une aile séparée de la maison où était son logement habituel.

— « Vous pourrez le voir là, » monsieur, me dit-il, mais vous ne » franchirez jamais le seuil de mon » domicile. Je veux croire que l'ex- » cès de votre malheur doit vous » accabler; mais vos écarts dange- » reux, ainsi que les sermens de

» Louise, doivent vous exclure d'une
» famille jadis paisible et heureuse,
» et que vous êtes venu plonger dans
» le désespoir ».

Je le conjurai de ne pas ajouter
à mes tourmens par des reproches
inutiles, et je me vouai tout entier
à soigner mon infortuné Edouard.

A peine transporté dans l'aile qu'il
habitait, je vis accourir un chirurgien de la ville qui sonda sa plaie.
Avec quelle anxiété j'attendis son
premier arrêt! est-il de situation plus
déchirante pour un père, et pour
un père auteur du coup fatal? Le
chirurgien affirma que l'épée avait
touché le poulmon. L'abondance du
sang que mon fils avait perdu ne le
prouvait que trop. Il était consta-
ment évanoui et en faiblesse, hors
d'état de me parler; et l'eût-il pu,
le chirurgien l'en eût empêché.

— « Ce coup a été terrible , disait-
» il , et l'on voit qu'il s'est enferré
» de tout son poids :— Ah ! monsieur,
« sans cette idée , soutiendrais - je
» la vie. — Si le sang s'arrête , si
» le blessé peut passer la nuit , s'il se
» forme une cicatrice intérieure , il
» restera quelque espérance ; mais si
» la moindre émotion r'ouvre le vais-
» seau , tout est perdu ».

Cette crainte horrible , me glaçait.
Je passai la nuit à épier les mouvemens de ma chère victime , à l'empêcher de prendre la plus légère agi-
tation ; mais comment l'espérer ? Ce
jeune-homme , qui joignait à des
traits charmans , une douceur angélique , n'avait jamais vu son père. Il
ne le voyait que pour apprendre à le
mépriser ou le haïr ; et cependant ,
son regard était plein de tendresse et
de respect filial.

Après avoir bandé sa plaie , et

placé une garde - malade, le chirurgien ordonna qu'on le laissât
en repos, et m'emmena dans le
jardin, en me disant, sans savoir
qui j'étais : — « Ah monsieur ! quel
» dommage ! quel regret pour son
» adversaire, si l'on perd ce jeune
» homme. Il est d'un mérite rare.
» J'étais chirurgien-major du régi-
» ment où il sert, et j'ai eu occasion
» de connaître ses malheurs et les
» torts de son libertin de père.
— Je fis en vain un mouvement de
dépit à ce mot; le chirurgien continua.
« — Cet estimable jeune homme,
» trop instruit des maux, suites
» funestes de la conduite de l'au-
» teur de ses jours, semble avoir
» pris à tâche de les réparer par
» une vie exemplaire. Il est mo-
» deste, pieux, réservé, chaste et
» pur comme un ange, quoique le
» plus brave au champ d'honneur,

» et cela de l'aveu de tous ses cama-
» rades. Ah ! monsieur, il montre
» bien que les bonnes mœurs et l'es-
» prit religieux ne font qu'accroître
» le sentiment du véritable honneur,
» et que le souvenir des torts et des
» maux qu'entraîne la vie licencieuse
» d'un père, conduit presque tou-
» jours un fils à prendre, heureuse-
» ment pour l'exemple, une route
» opposée et une conduite honora-
» ble. Que le comte de G. doit être
» humilié, s'il apprend qu'il n'a pas
» l'estime de son fils ! — N'ajoutez
» pas à sa douleur » reprenais-je prêt
à l'interrompre ; mais le chirurgien,
toujours plus animé, continuait : —
« Heureusement que sa mère, ma-
» dame D.... victime d'un lâche sé-
» ducteur, est un modèle de vertu
» et de moralité parfaite. Elle a
» élevé ce jeune homme dans des
» principes sévères, lui a montré sans

» cesse le fléau de l'inconstance ou
» d'une galanterie banale, et pour
» cela, elle n'a eu besoin que de lui
« rappeler les aventures de son père.
— « Cessez, cessez de déchirer mon
» ame, m'écriai-je enfin, je suis le
» comte de G***. — Vous monsieur !
» et vous êtes sensible ?.... Ah ! par-
» donnez ! vous voyez à quel point
» vos torts vous nuisent dans l'opinion,
» car personne ne vous en aurait cru
» susceptible ; mais vous devez être
» si malheureux, que je supprime
» toute réflexion. Je me borne à vous
» supplier d'éviter à votre fils la plus
» légère émotion, vous le tueriez. Je
» lui défendrai même de parler ; il
» risquerait de r'ouvrir son vaisseau.
» Tout au plus lui permettrai-je de
» vous tracer quelques mots, s'il en
» a la force.

J'adoptai cette idée qui me permettait de recueillir au moins une pensée

un acte de tendresse de mon fils,

Nous rentrâmes et le trouvâmes mieux. Je pressai sa main sur mon cœur qu'il sentit battre. Il vit briller dans mes yeux des larmes d'espérance et quand le chirurgien lui présenta la plume, il écrivit avec un regard et un sourire céleste, ces seuls mots. — « Vous m'aimez ! vous m'aimez ! » mon père ! ah ! tout est oublié.

Je déplorai alors l'erreur cruelle qui lui avait mis les armes à la main, en croyant défendre sa sœur d'une atteinte qui n'était que l'élan pur d'un cœur paternel, et je lui demandai ce qui avait pu l'égarer à ce point. Il écrivit ces mots : — « Pardon, c'est le cri » d'un passant qui vous a reconnu ! » pardon, mon père : le nom affreux » qu'il vous a donné se refuse à ma » plume, et a dû tromper votre mal- » heureux fils.

Déchiré de la méprise et de sa suite cruelle, je renonçai à questionner mon cher Edouard. Le chirurgien d'ailleurs voyant son émotion, exigeait du repos et je lui promis de me conformer à ses vues. Je restais dans un silence douloureux, lorsque monsieur D..... vint lui-même savoir des nouvelles du malade, pour sa malheureuse mère, qui revenue à elle, ne cessait d'en demander. Elle voulait accourir au chevet du lit du blessé ; mais ma présence l'en empêchait et rien au monde ne pouvait la lui faire supporter d'après ses sermens. Je me vis donc contraint de quitter Edouard pour quelques instans, afin qu'il pût jouir des embrassemens de sa mère. — « Je vous en supplie, » m'écrivait - il, que je l'embrasse ! » oh ! j'en ai bien besoin ! et je sens » qu'il me serait doux de pouvoir » avant.... » il n'acheva pas. M<sup>r</sup>. D...;

7 *

voyant venir son épouse, me reconduisit au fond du jardin.

J'y eus à peine resté quelques momens dans des anxiétés cruelles, que des cris se firent entendre vers l'appartement du blessé. Bientôt quand j'accourais, je vis emporter madame D.... évanouie, et des domestiques en pleurs qui s'écriaient : — « il est mort ! » il est mort !

Je m'élançai désespéré vers le lit de mon fils ! que vois-je ? Grand Dieu ! l'infortuné expiré. Le sang inondait sa bouche.... son vaisseau s'était r'ouvert par son émotion extrême, en implorant sa mère pour moi. Tout le prouvait, hélas ! jusqu'au papier qu'il tenait entre ses mains glacées. On y lisait ces mots déchirans. — « Par
» donne-lui, ma mère ! il m'ôte la
» vie au moment où j'allais m'unir à ce
» que j'aime...... ce double sacrifice,
» cet exemple terrible doit ramener

» enfin mon père à la vertu...... à
» l'estime des honnètes gens...... O
» mon Dieu, accepte notre sacrifice..
» Il est bien grand..... puisqu'il aime
» son fils.... autant que j'aimais ma
» mère.

Ce tableau d'un fils vertueux , d'un ange de beauté et de délicatesse , assassiné involontairement par moi, me jeta dans un violent désespoir. Je me précipitai sur mon Edouard, et là, après avoir épanché les premiers excès de ma profonde douleur , je fis le serment sur le corps chéri de ma victime, de renoncer à toute passion illicite. Je jurai, si j'échappais aux suites de la profonde affliction que j'éprouvais, de ne chercher à l'avenir que dans les nœuds d'un hymen assorti et respectable, l'oubli de mes erreurs et le terme d'une vie tumultueuse.

Je pris en tremblant l'écrit horrible, cette leçon cruelle et humiliante don-

née par un fils à son père, et qu'il
me léguait dans ses mains glacées. Je
le posai sur mon cœur, comme un
bouclier honteux et tardif contre toute
séduction : et bientôt, tombé malade
moi-même de tant de coups accumu-
lés, je me laissai entraîner à mon auberge, où une fièvre ardente me saisit et me jeta dans un état de délire
qui ne me permit pas de connaître les
tristes apprêts de la sépulture de mon
Edouard. Mais hélas ! quand le lendemain, reprenant mes sens, j'entendis
le tintement sourd et prolongé des
cloches du convoi; quand chaque
tintement, semblait me dire : —
« meurtrier de ton fils ! » je ne pus
résister à tant de secousses, je ne pus
supporter un séjour où j'avais éprouvé
tant de malheurs.

J'écrivis un mot d'adieu à Mr. D**.
Je le priai de distribuer trois mille florins aux pauvres, et de faire une fon-

dation pieuse. Puis je me précipitai dans ma chaise pour m'éloigner de ces lieux funestes, et parvenir en Espagne où j'espérais que le hasard des combats me délivrerait de mes souvenirs déchirans.

Je m'arrêtai trois mois à Lyon. J'y fis une maladie dangereuse suite de mes profonds chagrins; mais recevant des ordres de hâter mon arrivée en Espagne, je me disposai à partir étant à peine en convalescence.

— « Quel est le fatal enchaîne-
» ment des passions, me disais-je
» tristement en route. J'ai débuté
» dans le monde par une inclination
» estimable, par un sentiment vrai;
» j'ai été trompé. La méfiance qui en
» a été la suite, m'a rendu plus fra-
» gile peut-être, mais cependant
» toujours sincère dans chaque liai-
» son. Des événemens imprévus ont
» entraîné des ruptures, des sépara-

» tions : ils ont amené peu-à-peu l'in-
» constance. L'habitude s'est formée
» et le cœur est arrivé ainsi à des in-
» trigues multipliées, sans calcul, sans
» méchanceté, mais qui ont néan-
» moins causé les plus affreux mal-
» heurs. Ah ! il est temps de mettre
» une digue à ce torrent de revers et
» de critiques injustes ; de m'unir à
» un seul objet, à celui que je n'au-
» rais jamais oublié sans la dureté in-
» flexible de son père, à l'adorable
» Emma ! si je pouvais la revoir, at-
» tendrir ce père cruel, former enfin
» un lien éternel, barrière si douce
» contre l'erreur, avec quelle joie,
» quelle facilité je tiendrais le ser-
» ment fait à mon malheureux fils !

Ces idées me suivirent jusqu'en
Provence, et je me rendis par Mar-
seille à Malaga, d'où je gagnai Madrid
que le nouveau gouvernement venait de quitter en hâte par suite des

progrès des alliés en Estramadure.
Tous les partisans de ce systême, et,
parmi eux, les grands qu'une fausse
politique, quelque faiblesse, ou les
sollicitations de la nouvelle Cour
avaient engagés à accepter des em-
plois, évacuaient en hâte la vieille Castille, car ils étaient plus spécialement
l'objet de la haine de leurs compatriotes que les Français même. Jé rencon-
trai à Tolède dans mon voyage pour
rejoindre l'armée alliée, le comte de
Casa-Flores, ancien intendant de Tolède, homme estimé généralement;
mais que son amour de la paix, son
peu d'énergie, et des instances adroi-
tes de la Cour moderne, avaient porté à conserver son emploi.

Le vieux comte avait connu ma famille en Allemagne. Malgré la différence de nos opinions, je crus devoir
lui faire une visite. Il me retint à dîner
et l'on jugera quel dut être mon éton-

nement de trouver dans son salon miss K...., l'incomparable Emma ! je faillis tomber de surprise et de joie. Emma, elle-même devint muette à mon aspect. Quoiqu'il se fut écoulé plus de quinze ans depuis notre dernière entrevue, quoique la perte de mon fils et des malheurs sansnombre eussent dû affaiblir mes sentimens pour miss K., sa beauté, ses vertus, le charme inconcevable de sa personne et l'espoir d'un hymen possibleenfin, tout r'ouvrit ma tendre blessure et j'oubliai un instant mes affreux revers. Emma alors avait passé trente ans et ses charmes en avaient plus d'éclat sans avoir moins de fraîcheur. Insensiblement nous nous remîmes et nous rapprochâmes. J'appris alors que son père était à Burgos avec le général des alliés ; qu'on avait voulu qu'elle profitât du voyage en Espagne du noble lord, pour voir la famille de sa

mère, née à Madrid, où lord K. avait
à ménager encore une riche succession
des comtes Labrador ses beaux-frères.
Je sus qu'elle avait obéi, mais qu'en
voulant rejoindre son père à Burgos,
elle avait été surprise par un détachement ennemi en retraite et réclamée aussitôt par le comte de Casa
Flores comme un dépôt qui lui avait
été confié; qu'enfin le comte susdit,
en reconduisant fidèlement à lord K.
sa fille adorée, arrachée à la fureur
du soldat, espérait par là, se faire un
appui du noble lord en son malheur,
et que sa généreuse action trouvait à
la fois ainsi sa récompense dans son
cœur et sa politique.

On juge si je dus m'applaudir de
cette rencontre, après tant de revers,
d'années d'absence, et privé de l'espoir de revoir jamais celle que j'adorais au fond de l'ame. Combien ma
tendresse s'accrut encore, en recon-

naissant que le tems et les préventions n'avaient point affaibli les sentimens d'Emma. D'après sa pudeur extrême et son caractère angélique , elle
n'en donnait aucun témoignage apparent pour les spectateurs ; mais ses
regards prolongés à la dérobée , la pal-
pitation de son sein , son trouble adorable , parlaient assez à l'amant atten-
tif et soumis qui épiait en tremblant
ses moindres soupirs , et croyait trouver enfin son épouse. Je fus placé à
côté de miss : elle ne mangea point,
parla peu , et parut ne s'occuper
que des affaires générales; puis elle
ajouta avec une émotion profonde. —
» Nous partons demain avec M. l'in-
» tendant, les partis remplissent en-
» core la campagne , et cependant il
» ne peut rester à Tolède , car il y
» court risque de la vie. Il a sauvé la
» mienne et je ne veux pas l'exposer
» plus long-tems, en différant mon

» voyage à Burgos pour rejoindre
» mon père.

Ce mot seul ! *mon père !* lord K...!
arrêta sur mes lèvres, la proposition
que j'allais faire de l'accompagner :
proposition d'autant plus naturelle,
que je devais me rendre aussi à Burgos ; mais le souvenir des préventions
de lord K.... et celui de mes promes-
ses, durent me fermer la bouche. Combien cet effort me coûtait, en entendant Emma répéter sans cesse que ce
voyage l'alarmait ; qu'elle avait des
pressentimens funestes et une tristesse
invincible ! J'offris alors, quoiqu'avec
peu d'espoir , de grossir son escorte ;
mais je n'obtins que le refus auquel je
devais m'attendre.

J'osai m'en plaindre avec douceur.
—«Ah ! ne vous plaignez que de vous-
» même, répliqua l'adorable Miss. »
» Vous seul êtes la source de tous les
» refus, et croyez qu'il m'eût été doux

» de vous devoir encore le salut de mes
» jours.

Le souvenir de son asphixie à Mont-
clare lui fit alors verser quelques
larmes. Les miennes brillèrent à cet
aspect, je lui dis que le malheur avait
broyé mon âme et je vis le moment
où cet attendrissement mutuel allait
peut-être fléchir Emma, et m'obtenir la faveur d'être de ce voyage, quand
le comte de Casa-Flores vint interrompre notre entretien qu'il croyait peu
essentiel, et rappeler à l'aimable miss
qu'elle devait partir. Il lui demanda
son heure et parut entièrement soumis à ses projets.

N'osant réclamer du comte la faveur qu'Emma me refusait, je me pro-
posai bien néanmoins de les suivre de
près et de ne pas perdre de vue l'objet
de toutes mes affections.

Le comte était estimé dans la pro-
vince ; mais son titre *d'affrancesados*

( partisan des Français ) le rendait,
comme tous ceux qui se trouvaient
dans ce cas, l'objet de la haine et de
la plus horrible vengeance des Espagnols fidèles et surtout des *guerillas*,
bandes terribles, implacables, et la
terreur souvent des deux partis. Ces
bandes redoutables s'étaient formées
d'abord du noyau des contrebandiers
si nombreux et si accoutumés à guer-
royer en Espagne ; puis des paysans
sans asile, ou attirés par l'appât du
pillage : enfin d'une foule de déser-
teurs ou vagabonds qui, sans autre
solde que les dépouilles de leurs ennemis tués, se formaient, pour la plupart,
un butin assez considérable. Des chefs
entreprenans s'étaient mis à la tête de
ces forcenés. *Mina*, d'abord en Arragon et en Catalogne : *le médico* ( le
médecin ) dans la Castille et aux environs de Madrid ; enfin plusieurs
autres qui, par leur cruauté ou leur in-

fluence sur la troupe, avaient su s'en faire élire pour commandans. Ces partisans avaient fort bien jugé qu'une guerre générale et en bataille rangée ne convenait point aux Espagnols contre de vieilles troupes, victorieuses de l'Europe; mais qu'une guerre morcellée et de détails, égalisant les forces journalières, centuplerait les pertes de leurs ennemis toujours pris à l'improviste, en traîneurs, ou en maraude.

Ce système général, fort bien vu en principe, si l'on s'en fût tenu aux affaires de partisans et à la générosité militaire, dégénéra bientôt en une guerre d'assassinats, en fuites simulées et en retour, perfides sur les traîneurs, les malades et les blessés. On ne calcula plus que le nombre des morts sans voir le moyen; et les mots magiques de gloire, d'honneur militaire et même d'humanité, furent rayés du dictionnaire stratégique. Je n'examine point jusqu'à quel point le salut public peut légitimer le crime ; mais quoique allié du parti, mon cœur loyal ne pourra jamais approuver l'assassinat prémédité, posé même en principe, en ordre du jour, et commis lâchement par des femmes et des enfans sur des blessés et des moribonds avec la plus atroce barbarie.

Au surplus, les moteurs de ce système épouvantable en ont souvent été les victimes eux-mêmes. *Les Guérillas* attaquent aujourd'hui leurs propres compatriotes, et l'Espagne sera long-temps dévorée par les vers rongeurs qu'elle a fait naître sur les cadâvres de ses ennemis.

Les événemens suivans en sont une preuve terrible. Miss Emma partit le lendemain avec le comte de Casa-Flores, muni de permis et de toutes les pièces qui pouvaient calmer ses alarmes. Un petit nombre de domestiques, un secretaire et la vieille Betty suivante d'Emma, formaient toute son escorte. Quant à moi, ayant pris mes mesures pour être informé de leurs projets, je me mis en route pour ainsi dire à leur suite et sans leur en avoir fait part.

Nous fîmes six lieues avec autant de rapidité que nos mules purent nous le permettre. Je les suivais à porté de fusil de distance et nous traversions un petit bois d'oliviers, près du village de Villa-Franca, lorsque deux cavaliers sortirent de l'épaisseur du bois. Leurs figures sinistres, leurs cheveux nattés et relevés par de mauvaises résilles rouges, leurs armes de fabriques étrangères et en désordre, nous firent bientôt reconnaître deux guérillas. Ils arrêtèrent la voiture du comte, puis élevant leur mauvaise épée en l'air et faisant un cri, nous apperçûmes sur un tertre près d'une petite chapelle abandonnée, un moine qui fit un signe du bras droit en nous montrant ; et à l'instant nous fûmes entourrés par une centaine de guérillas, tous plus épouvantables que les deux premiers.

Le chef s'avança, il fit descendre le pauvre comte qui montra, en dissimulant sa terreur, son passe-port espagnol et les autres pièces dont il était muni. A son nom seul, ce chef s'écria : — *Casa-Flores ! affrancesado ! ma-* » *tarlo* ( le tuer ). Un bruit général, un murmure sourd et mortel se répandit à l'instant dans toute la troupe. Les uns apprêtaient leurs armes, ceux - ci montaient sur des arbres ; d'autres sur des tertres pour mieux voir et ajuster de leurs carabines, l'infortuné Casa-Flores. La pauvre Emma, dans la deuxième voiture, était oubliée pour le moment ; mais quel serait son sort ? Ah ! cette idée m'entraîna , je n'hésitai plus. Je me dévouai, et m'élançai dans le groupe de ses gens pour la sauver ou périr avec elle ; mais zèle inutile , même funeste ! mon costume et mon langage français ne firent qu'accroître les soupçons et la fureur générale. En vain je voulus montrer mes dépêches, ma lettre pour le général en chef. Casa-Flores était trop connu du parti en qualité d'intendant de Tolède, pour qu'on pût m'écouter, et ma liaison apparente avec lui, comme compagnon de voyage, démentait mes discours. Ce fut bien pis quand le moine que nous avions aperçu, arriva près des voitures ; — *ɟadre* » *Ambrosio* ! s'écrièrent-ils tous, — » *Matarlo ? que dice usted ?* L'image du père Ambrosio ne s'effacera jamais de ma mémoire ! c'était un moine d'une taille gigantesque , d'une figure superbe , mais basanée. Son œil noir à fleur de tête semblait lancer la foudre ou le désir quand il passait alternativement de Casa-Flores à la belle Emma.

Après avoir regardé les papiers du Comte , et l'avoir fort bien reconnu en le saluant même , le père Ambrosio fit un geste de bénédiction apparente : il dirigea son pouce en long sur son visage ; puis , tout-à-coup le passant sous le menton vivement en croix , je vis que c'était un signal de mort , car un cri général et toutes les armes apprêtées étaient en joue , quand un vieux moine à cheveux blancs, à figure vénérable, s'élança, et couvrant le comte de son corps , demanda un moment d'audience. — *Viva Am-*
» *brosio ! Morte a Dolores !* crièrent-ils tous.

— *A bas le père Dolores !* répétaient-ils. *Santa Maria Dolores,* c'était

le nom du vénérable vieillard, accablé de douleur en effet, et qui cherchait à les calmer. Le tumulte croissait, les armes ne se détournaient point. Les prières d'Emma, celles du père Dolores, son dévouement généreux qui ne permettait pas de l'immoler, firent cependant accorder un moment de répit. — « Mes amis, leur criait ce
» vénérable père, grâce ! grâce ! im-
» molerez - vous le bienfaiteur des
» pauvres, le fondateur de l'hôpital
» de Tolède, de cette chapelle même
» où vous invoquez ici Marie contre
» nos oppresseurs ? Non, non : les
» Casa - Flores furent toujours bons
» Espagnols. Le désir seul de sauver
» des malheurs, d'adoucir les charges
» imposées par l'ennemi, l'ont porté a
» accepter une charge publique. Ne
» punissons pas un dévouement, une
» faiblesse peut - être, comme un
» crime. Il a rendu justice, il a se-

» couru en secret les vrais Espagnols,
» il a protégé enfin notre sainte re-
» ligion . . .

— » Et fait vendre *San Benedetto,*
» notre couvent, dit d'une voix
» sourde et sépulcrale, le grand Am-
» brosio; mais l'Evangile pardonne
» et benit! » Soudain, faisant le contraire, le perfide réitérait sa fatale
bénédiction, en apparence, avec le
pouce infernal, et, le passsant sous
le menton, indiquait réellement et
toujours le coupe - gorge. Aussitôt
toute la troupe mit de nouveau en
joue, et c'en était fait, ( car le père
Dolores avait été éloigné alors par la
force), Si Emma, la généreuse Emma
ne se fut élancée pour couvrir elle-
même le comte Casa - Flores de ses
bras angéliques.

Sa beauté, sa noblesse, son dévouement étonnèrent les Guérillas.
Ils s'arrêtèrent; et le père Ambrosio,

tout en caressant de ses yeux dévo-
rans l'angélique Emma, lui dit d'un
air terrible : — « Fille d'un réprouvé !
» retirez-vous; trop heureuse qu'on
» vous laisse la vie. »

J'essayai alors, en mauvais langage
espagnol, d'expliquer qu'Emma était
fille du lord K..., et non pas du
malheureux Comte. Je voulus le prouver par nos dépêches et par ma lettre
au général de l'armée alliée ; mais
un défenseur qu'on croyait Français,
ne faisait que nuire à la cause : et on
le crut d'autant plus, qu'en visitant
mes papiers, on trouva mon ancien
brevet d'officier dans le régiment
d'Armstadt au service de France
alors. Emma, prête à s'évanouir d'horreur, ne pouvait d'ailleurs s'expliquer. Le comte enfin, qui avait perdu sa fille, il y avait un an, ne pouvait nier en effet qu'elle eût été
élevée au couvent de Santa-Maria

de Tolède ; on lui rappela cette enfant. On lui dit, avec fureur, qu'il ajoutait à son crime, par le mensonge. Il voulut en vain protester ; la fureur croissait. Il allait être immolé, quand les cris d'Emma et les prières du père Dolores, qui démandait vingt - quatre heures au plus pour le préparer à la mort, obtinrent ce surcis. On s'empara des voitures, des armes et des bagages. Nos valets avaient été tués dès la première attaque. Nous fûmes conduits seuls, le Comte, Emma, Bety et moi, au hameau *del Cadavéro*, repaire de la troupe.

C'était le digne séjour de ces barbares. Quelques mauvaises cabanes entre deux rochers noirs, ombragés de vieux arbres, donnaient à ce hameau l'aspect d'un vaste tombeau recouvert de cyprès. C'était là que, loin de la route et de tout passage, s'exécutaient les crimes, les assassinats , les jugemens et le-partage du butin.

Casa-Flores fut enfermé dans une espèce de grotte creusée au flanc d'un rocher et attenante à la cabane du chef Torillos, qu'habitait également avec lui le père Ambrosio tour-à-tour conseil , aumônier et guerrier de la bande.

Quant au vénérable père Dolores, l'azile le plus humble près des mules lui suffisait. Satisfait d'empêcher le mal , sobre , pieux , consolateur , il vivait de l'espérance du salut et de sa bienfaisance cachée. Je fus assez heureux pour être placé dans une étable auprès de lui , toutefois sous la garde de deux Guérillas. Le doute où l'on était sur la vérité de ma mission de la cour de Vienne, la crainte du nom anglais et d'offenser les alliés, retenaient seuls ces barbares, qui avaient proposé cent fois de m'assassiner. Le père Ambrosio m'avait même donné sa bénédiction fatale, signe précurseur infaillible du trépas; mais Torillos ayant lu la lettre de lord Stewart au général de l'armée anglaise, n'ôsait, dans son doute, ni me relâcher, ni me sacrifier.

Quant à l'infortunée Emma, Torillos et le père Ambrosio eurent soin de la placer près d'eux, dans la meilleure cabane. Ils lui laissèrent Bety, par grâce spéciale; et je m'apperçus bientôt que l'infortunée miss était l'objet des attentions particulières du père Ambrosio, qui, en affectant le plus profond mépris, et même la haine pour elle, laissait échapper des regards significatifs de protection et des vues ultérieures.

La nuit fut horrible; je frémissais sur le sort du malheureux Casa-Flores. Mes gardes s'étant endormis, je hazardai d'implorer l'appui du père

Dolores en faveur du condamné. —
« Sauvez-le, mon père, sauvez-le,
» lui disais-je ; il a vu le salut de son
» pays avec joie ; il n'a gouverné que
» par zèle, par désir de protéger ses
» compatriotes : vous l'avez fait ob-
» server vous-même. Vous ! seul ici,
» juste, humain et compatissant !
» car vous me le cacheriez en vain,
» mon père : cette figure vénérable,
» ce zèle ardent, tout annonce que
» la charité, l'humanité, le désir de
» sauver des victimes, ou de les pré-
» parer à la mort, ont pu seuls vous
» conduire en cet affreux séjour ? »
Pendant que je suppliais le père
Dolores, ses yeux se remplissaient de
larmes, il me serra la main en me disant : — « Je désespère de réussir. Ah !
» il est trop vrai : c'est pour prévenir
» des crimes et sauver des malheu-
» reux, que je traîne mes soixante-
» dix ans et mes infirmités à la suite

» de ces *ultrâ*-vengeurs de la mal-
» heureuse Espagne ; mais , hélas !
» que j'y réussis rarement ! la haine,
» l'exaspération , le désir du pillage
» sont tels , que j'ai failli périr cent
» fois , en couvrant les victimes de
» mes bras éplorés… horrible situa-
» tion ! Courir et m'attacher haletant,
» mourant de faim , de fatigue , à la
» queue des chevaux des assassins ,
» afin d'arriver assez à tems pour leur
» arracher un blessé, ou un malade
» prêt à être massacré ; me voir re-
» poussé , bâtonné , assommé dans
» leur ivresse ; et forcé de feindre ,
» d'approuver leurs excès , pour les
» modifier. Ah ! combien de fois j'ai
» vu mes vêtemens couverts de sang !
» combien de fois on m'a terrassé par
» ces cheveux blancs pour éloigner
» mon visage de celui de l'infortuné
» dont je recueillais le dernier soupir.
» et le dernier acte de piété : je n'a-

» vais pu sauver leurs corps; je sau-
» vais leurs âmes. Mon Dieu! j'avais
» assez vécu; je serais mort content.

— « Digne apôtre! véritable prêtre
» et ministre du ciel! » m'écriai-je,
embrassant le père Dolores; « ah! si
» tous vos confrères pensaient et agis-
» saient ainsi, on verrait plus d'hu-
» manité parmi vos vengeurs, et de
» piété parmi vos ennemis. » Je l'as-
surai alors qu'Emma était réellement
la fille de lord K..., et non celle de
Casa-Flores. Je ne lui cachai point les
motifs de l'intérêt pressant que j'y
prenais. — La fille de lord K...!...
» dit-il, pouvez-vous le prouver? —
» Hélas! je n'ai d'autre preuve que
» son assertion et la mienne. — Le
» père Ambrosio n'y croira point. —
» Quoi! nos sermens..... — Il ne vou-
» dra point y croire, vous dis-je. »
Et sur ce, levant les yeux au ciel
il ne confirma que trop l'opinion et

les craintes que j'avais, des vues peu
chrétiennes de son confrère. — Mais
» si lord K... apprend cet horrible
» attentat, lui dis-je, craignez son
» crédit. La vengeance la plus ter-
» rible!.... — N'est rien aux yeux
» d'un homme tel qu'Ambrosio! Gar-
» dez-vous, gardez-vous surtout de
» témoigner tout l'intérêt que vous
» prenez à l'infortunée! Je ne répon-
» drais plus de votre vie. — Je vous
» entends, mon père. — Non, non,
» vous ne devez point m'entendre.
» Respectez les agens du seigneur.
» Fermons les yeux sur les passions
» ou les injustices des hommes, et ne
» voyons que la bienfaisance et l'éter-
» nité. Mais le conseil des Guérillas
» doit s'assembler à la pointe du jour
» pour décider du sort de Casa-Elores.
» Je n'ai pas un instant à perdre pour
» lui porter les dernières consola-
» tions; car je doute fort qu'il échappe

» à la mort. Adieu, mon fils, je re-
» viendrai vous apprendre ce que
» j'aurai pu obtenir. »

Le père Dolorès me quitta, sans prendre aucun repos, et alla frapper à la cahute où l'on gardait Casa-Flores. Il fut repoussé vivement. Les ordres d'Ambrosio interdisaient toute communication ; mais les prières du père, ses touchantes exclamations, et enfin la présentation d'un crucifix, vénéré par ces barbares, lui livrèrent enfin le passage. Les assassins, tout en grinçant des dents, s'inclinèrent à la vue d'un petit Christ d'ivoire qu'il présenta, et semblèrent des démons exorcisés par ce signe vénérable.

Un sommeil, entrecoupé de songes affreux, me permit à peine de reposer deux heures. A la pointe du jour, le père Dolores rentra et me dit : —
« Je viens de voir un moment le

» chef Torillos et le père Ambrosio.
» Ils consentent à un sursis de vingt-
» quatre heures, sous le prétexte de
» déclarations importantes, que j'ai
» engagé le malheureux Casa-Flores
» à promettre. Hélas! c'est une sup-
» position sans doute; mais si je puis
» le sauver, le ciel, le juste ciel ne
» verra que ma pureté d'intention.
» Quant à Emma, elle est pourvue
» de tout, et gardée avec des soins,
» des attentions, dont l'excès seul
» m'inquiète. Mais pour vous, mon fils,
» je crains bien que quelque mot,
» échappé à miss K... ou à sa suivante,
» n'ait trahi vos sentimens et votre
» liaison, car rien n'égale la fureur
» du père Ambrosio contre le comte
» de G. Il vous désigne comme un
» espion, et comme l'artisan de cette
» fuite concertée. En un mot, vous
» devez être jugé vous-même au con-
» seil qui est différé pour Casa-Flores. »

Cet avis me glaça d'épouvante,
L'œil affreux du père Ambrosio, seul,
valait un arrêt de mort. Je demandai
au père Dolores ce qu'il en pensait.
« — Qu'il n'est pas un instant à
» perdre, mon fils, pour vous récon-
» cilier avec Dieu, car la mort suit
» immédiatement l'arrêt ; et si vous
» êtes condamné, ( ce qu'au ciel ne
» plaise ) il me serait impossible de
» vous approcher. »

Je l'avoue : une espèce de fureur
désespérée me saisit à cette nouvelle ;
mais sans armes, sans espoir de secours, toujours frappé du souvenir
de mon malheureux fils Edouard, je
me ré ignais à implorer l'Eternel, et
à suivre les avis du père Dolores,
lorsqu'on vint me chercher pour le
conseil des Guérillas. Je m'armai de
courage. J'embrassai le vénérable
père, et détournant mes yeux de la
cabane d'Emma, regard qui aurait pu

affaiblir ma force d'ame, je m'avan-
çai d'un pas ferme, entouré de dix
Guerillas, jusqu'au ravin sombre où
ils étaient assemblés.

Quel spectacle s'offrit à mes yeux!
Jamais le conseil des enfers n'eut un
aspect plus lugubre. Dans un petit
ravin, où coulait un torrent presqu'à
sec dans cette saison brûlante, ravin
entouré de rochers à pic et couverts
d'une mousse funèbre, j'aperçus en
désordre et presqu'en cercle, une
bande de quatre à cinq cents pil-
lards, basannés, couverts, la plupart, de haillons ou de débris d'uni-
formes de leurs victimes assassinées.
Les uns, assis à terre, et fumant leur
cigarre, achevaient des partages de
leur butin. D'autres lavaient, au torrent, des vêtemens ensanglantés
pour les vendre : ceux-ci enterraient
des victimes de la veille, en exerçant
encore sur elles de lâches vengeances,

Tous enfin, basanés, à l'œil noir et mauresque, avec leurs dents blanches ressortant sur des lèvres ignobles, et un sourire infernal, semblaient des échappés du Ténare. On me fit traverser un petit pont sur le torrent. Sentant ce pont vaciller sous mes pas, je crus que c'étaient des fascines ou des branchages ; mais bientôt, heurtant un bras par terre, je reconnus, avec horreur, que c'étaient des corps morts à peine enterrés qui servaient de pont et couvraient les sapins jettés sur les deux rives du torrent. Enfin, traversant ce cimetière affreux, j'arrivai à un petit tertre où était Torillos debout, et à côté de lui Ambrosio, cette fois, l'air pieux, la tête baissée, et jouant la pitié et l'affliction.

Un murmure sourd des Guérillas, orage funèbre d'où sortait seulement ce mot général : *matarlo* ( le tuer ),

frappait constamment mes oreilles ;
quelques-uns d'entr'eux , me suivant
de près , jetaient les yeux sur mes
bagues et sur une montre qui me restait encore.

Je me présentai à Torillos avec calme,
et, après un court interrogatoire , je
réclamai la lettre dont j'étais porteur
et dont on m'avait dépouillé. — « Elle
» est fausse, s'écria Torillos.—Fausse !
» répéta Ambrosio. » Je voulus en
vain me récrier ; deux carabines me
dirent qu'il fallait baisser le ton. Je
demandai alors à être confronté avec
Casa-Flores. — « C'est un complice
» inutile ! dit bas Ambrosio.—Tu es
» un ancien officier français , reprit
» Torillos, tu es arrêté à la suite d'un
» traître, d'un *affrancesados*, que tu
» fuirais certainement si tu n'étais de
» son parti , connaissant toute notre
» haine contre eux : rien ne peut
» donc te justifier. — Je suis aujour-

» d'hui officier-général autrichien,
» m'écriai-je. — Ta lettre seule le
» prouve ; et elle est fausse, me ré-
» pliqua-t-on.—Vous répondrez au
» Ciel et aux alliés de cet attentat,
» m'écriai-je. » Et déja le père Ambrosio, me donnant sa bénédiction
infernale, faisait le signal de mort :
vingt carabines m'ajustaient à bout
portant, lorsqu'une légère fusillade,
à cent pas, détourna leurs coups et
leur attention.

C'étaient quelques Français échappés à une de leurs embuscades, qui
se défendaient en désespérés. Les
Guérillas allèrent décharger leurs
armes sur ces infortunés qui suc-
combèrent sous un nombre si dis-
proportionné. Mais un grenadier seul,
échappé au massacre général, courut
de notre côté, et se vit enveloppé par
la bande entière. Jamais le courage
et la vigueur d'âme ne se montrèrent

avec plus d'énergie, qu'en cette occasion.

Le tableau d'un homme seul, d'un grenadier français, armé d'un misérable briquet, et se précipitant désespéré sur ses ennemis, suspendit mon exécution; ou plutôt la nécessité de recharger leurs armes, différa sa mort et la mienne. Mais quel homme que cet infortuné! quel mélange d'héroïsme et de franchise militaire en un pareil moment. — « Voilà donc les » héros de l'Epagne! criait ce brave » grenadier : cent contre un : belle » victoire! Venez seulement quatre » par quatre, et je vous fais tête à » tous. Vous riez, vils assassins? Oui, » je le répète; venez quatre, et... » Puis, tout-à-coup m'appercevant près de lui, il s'écria, — « Eh! te voilà » donc, cadet? Je ne m'attendais pas » à te trouver ici, après t'avoir fendu » la tête en Souabe! Tu veux me

» rendre la pareille ici ; mais je t'ai
» combattu en brave , et te voilà avec
» mes assassins ! — Hélas ! même sort
» m'attend, lui dis-je avec calme : ils
» prétendent que je suis Français.—
» Pourquoi donc servais - tu sous le
» prince Charles et pour les Alliés
» en Souabe ? — Vous l'entendez ,
» leur dis - je — Oui , canailles ! cet
» homme est un Kaiserlig ( Impé-
» riaux ). Regardez, morbleu ! sa tête
» fendue au-dessus de l'oreille droite.
» (Les Guérillas soulevèrent à l'ins-
» tant mes cheveux, et reconnurent
» la blessure.) Eh bien ! c'est le fil de
» mon sabre. Ils étaient pourtant
» six Hongrois. Et vous allez voir
» aussi , vous autres... »

A l'instant, se voyant perdu sans
ressource, il s'élançait en faisant le
moulinet de son sabre sur la bande
entière , quand une décharge géné-

rale en le criblant , le fit tomber sans vie et me couvrit de son sang.

Frappé de ce tableau déchirant, je restai quelques momens absorbé, sans penser à mon sort. Torillos parla bas alors aux Guérillas qui étaient près de lui. Ceux-ci, en lui montrant ma chevelure, lui indiquant la blessure que j'avais à la tête et qu'avait annoncée le grenadier, paraissaient alors d'avis de m'épargner. Torillos lui-même semblait pencher vers leur avis, car il faisait signe de me détacher; mais Ambrosio avec un sourire infernal et levant les épaules, indiquait toujours le châtiment et la mort; j'allais la subir quand le père Doloros s'avança en s'écriant : — « Eh quoi ! le » sang de cette première victime ne » le justifie-t-il pas ? Pensez-vous » qu'un malheureux au bord du tom- » beau, en impose pour un inconnu? » Ce grenadier ne l'a-t-il pas désigné

» pour ennemi, et pour l'avoir blessé
» en Souabe ? Voulez-vous, en le sa-
» crifiant, irriter les alliés et nous
» priver de notre seul appui ? Grâce !
» ou plutôt justice pour lui!

Les Guérillas, la plupart fumant froidement leur cigarre, firent signe de la tête qu'ils approuvaient. Ambrosio voulut en vain repliquer ; Torillos lui montrant la lettre du général anglais, témoigna cette fois qu'il était ébranlé, et le grouppe de ceux qui m'entouraient, détachant mes liens en partie et me ramenant à ma cahute, comme simple prisonnier, mit fin à cet horrible indécision.

Rentré à l'étable qui me servait de retraite, on juge si je témoignai ma reconnaissance au père Dolores. —
« Ce n'est pas moi qui ordonne, dit-il
» en montrant le Ciel, voilà celui qui
» adoucit les tigres des forêts, et sans
» lui tout effort humain est perdu.

Nous passâmes plusieurs heures en prières et en actions de grâce de mon salut : car se saint homme réveillait en moi de véritables sentimens de piété, lorsque la vieille Betty accourut et nous dit avec effroi.— Ah! monsieur!
» ah! mon père! tout est perdu ! Qu'ai-
» je entendu ! ô ciel ! ma maîtresse !
» ma pauvre maîtresse ! »

Nous esseyâmes de remettre son esprit épouvanté et l'engageâmes à par-ler. — « Je le puis, je le puis, n'est-ce
» pas mon père ? Vous avez sauvé
» M. le comte, j'ai vu votre pitié,
» votre humanité, vous nous sauverez
» n'est-ce pas ?

— Achevez, achevez, dit avec ef-froi le père Dolores. Betty reprit :

— «Vous savez qu'on m'a laissé quel-que liberté pour servir mon infortunée maîtresse. Ce soir, à l'entrée de la nuit, je prenais le frais près de la chau-mière, où nous sommes enfermées.

II. 9

J'étais sortie pour aller puiser de l'eau dans le torrent, on me croyait bien loin ; fatiguée au retour, j'étais assise contre les planches qui ferment la cabane du côté des champs, j'ai entendu bientôt la voix du père Ambrosio qui parlait à miss K. — » Ciel ! » que lui disait-il? reprîmes-nous avec effroi. — « Ah ! toute sa cruauté est expliquée, continua-t-elle, le malheureux ! qui aurait cru ! — « Je fais » donc parler en vain., la raison et le » seul moyen de sauver votre vie, disait cet homme hypocrite, « ne me » réduisez pas au désespoir. Je suis » capable de tout, si vous refusez de » me suivre.

» La pauvre Emma ne répondait que par des larmes, et ce seul mot *jamais*. — « Quoi ! le salut de votre » père, le vôtre ne peuvent vous » ébranler? criait Ambrosio, Savez-» vous, imprudente ! que je suis tout,

» ici? Et d'un seul mot..... soyez à
« moi, devenez mon épouse sous un
» ciel étranger...

» A ces mots, de nouveaux pleurs et
un mouvement subit m'ont fait connaître l'indignation d'Emma. — « Ar-
» rêtez ! vous me fuyez en vain ! s'est
» écrié Ambrosio, ne voyez plus en
» moi un ministre des autels. Non,
» je ne suis plus qu'un guerrier. Mon
» âge, ma force, mon nom redouté me
» rendent le digne rival des Palafox,
» des Mina, des Ballasteros qui ont
» illustré Saragosse et Badajos. Re-
» levé de mes vœux, désormais tout
» à la profession des armes, je puis
» aspirer à votre main, ne me la re-
» fusez pas ou craignez la plus terri-
» ble et la plus prompte vengeance.

» J'ai cru entendre à ces mots qu'elle
se levait pour le fuir ; mais Ambrosio l'arrêtant s'est écrié : — « Eh bien !
» c'est vous-même ! qui immolez votre

» père et le vieux comte. Casa-Flores
» périra demain, et quant au géné-
» ral autrichien prétendu, il n'est
» pas libre encore, j'en jure par vos
» dédains et ma fureur. Demain, de-
» main vous jugerez de mon pouvoir !
» demain vous verrez que d'un mot,
» je puis vous sauver ou vous perdre.

» Il est sorti sur cette dernière
menace, ajouta Betty achevant son
récit. — « Je m'y attendais, dit alors
» avec une tristesse profonde, le père
» Dolorès, ah ! n'accusez pas notre
» sainte religion des désordres de
» quelques ministres. Celui-ci, d'ail-
» leurs va renoncer aux autels qu'il
» profane. C'est un guerrier, ce n'est
» plus un lévite ; mais quel que soit
» son avenir, redoutez ses menaces ;
» il est implacable. »

Le père Dolorès engagea Betty à rejoindre sa maîtresse, à la déterminer
à feindre et à contraindre sa juste in-

dignation. Il lui recommanda surtout pour elle-même de ne pas tenter d'ébranler, par des aveux, la confiance des Guérillas dans le père Ambrosio, lui déclarant que cette tentative serait inutile et que leur confiance était aveugle et sans limites.

Elle lui promit de suivre ses conseils et d'y déterminer son infortunée maîtresse ; puis redoutant les espions, elle retourna à pas furtifs près d'Emma.

Les menaces du père Ambrosio ne se réalisèrent que trop. Le lendemain, Casa-Flores fut conduit au ravin *del Cadavero*, et là, le père Ambrosio lui reprochant publiquement tous ses services, sous le nouveau régime, lui annonça que son heure était arrivée. L'infortuné s'y attendait, il demanda pour unique grâce un moment d'audience et leur dit : — « Je meurs pour » avoir eu le courage de prévenir de

» plus grands maux à mes compatrio-
» tes. Puisse ma triste fin mettre un
» terme à vos fureurs contre vos pro-
» pres frères et peut-être contre un
» père, oui ! un père, car j'ai ouvert
» mes bras et mes trésors aux malheu-
» reux. Je n'ai point fléchi le genoux
» devant l'idole royale, je n'ai point
» reçu ses bienfaits, je ne l'ai même
» jamais vue et j'ai administré comme
» par le passé, avec justice, avec géné-
» rosité, avec aumônes, sans voir qui
» occupait le trône. Hélas ! les rois
» sont si loin du peuple ! ah! si tous
» les honnêtes gens l'abandonnent,
» ce peuple infortuné dans les cala-
» mités publiques, qui pourra donc le
» protéger et le secourir? Ah ! croyez-
» moi, il y a plus de force, de cou-
» rage, de dévouement à rester à son
» poste par bonté, qu'à fuir par
» égoïsme. J'ai perdu pour le peuple
» de Tolède, repos, fortune et en-

» fin la vie. Puissent ceux qui se di-
» sent ses vrais protecteurs , offrir
» d'aussi grands sacrifices ! Ma cons-
» cience est calme, mon cœur pur,
» ma tête dévouée, que le Ciel me
» bénisse et vous pardonne ! »

A ces mots, que la troupe insensible écoutait à peine , Torillos seul paraissait ébranlé, lorsqu'Ambrosio s'en apercevant et précipitant sa bénédiction fatale , fit le signe de mort qui fut obéi à l'instant.

Casa-Flores périt comme un martyr, et un cri de douleur qu'on entendit dans la cabane d'Emma , fit assez connaître l'impression horrible qu'elle recevait de cet événement. Ambrosio en sourit d'espoir, et la troupe se dispersa pour aller en embuscade et retourner à ses postes.

Le père Dolores fit inhumer la nuit, l'infortuné Casa-Flores, par deux guérillas moins féroces, qui l'écoutaient par fois avec docilité ; puis il vint à la pointe du jour, le lendemain, me confier l'aveu d'une scène terrible qu'il avait eue avec Ambrosio.

— « Vous n'avez pas un instant à
» perdre, me dit le père Dolores. »
« On veut vous faire repasser au con-
» seil des guérillas, il faut partir : je
» m'en charge. — « O Ciel! aban-
» donner Emma! m'écriai-je? — Dites
» la sauver : c'est le seul moyen ; que
» pourriez-vous ici , sans armes, ob-
» servé et talonné sans cesse, contre
» une petite armée et des gardes vi-
» gilans? Rien. En vous faisant éva-
» der au contraire, je cours de grands
» risques, je le sais ; mais c'est le seul
» espoir qui reste pour nous sauver
» tous. Vous serez dans douze heures
» à Valdes, près Vittoria, où campe
» l'armée alliée, ainsi que lord K. qui
» ne quitte point les commissaires an-
» glais et le quartier-général. Vous lui

» découvrirez la retraite et l'horrible
» danger que court sa fille. Vous ac-
» courerez avec un détachement pour
» réclamer Emma, et l'on ne pourra
» la refuser alors à des alliés, à la vé-
» rité, à la justice et à la force réunis.
» —Je vous rends grâce, ô mon divin
» bienfaiteur; mais d'ici là, si le fatal
» Ambrosio se portait à quelque ex-
» trémité?—Il n'en aura pas le tems;
» je vous promets de tout faire pour
» que vous puissiez arriver à propos
» jusqu'à nous. — Mais vous-même,
» mon père? vos dangers personnels?
» — Ils ne m'effraient point, c'est le
» pain quotidien de l'infortuné Do-
» lores, je m'y suis résigné; d'ailleurs
» vous n'êtes point confié à ma garde.
» On ne pourra avoir sur ce point que
» de vagues soupçons. Depuis votre
» premier jugement, vous êtes sur-
» veillé avec moins de précautions;
» mais le moindre délai peut les faire

» redoubler, partez à l'instant même.

Je ne pouvais me résoudre à quitter Emma, je balançais. — Que pouvez-
» vous pour elle, que périr sans chan-
» ger son sort ? Au lieu que demain,
» au retour, vous pourrez la rendre à
» son père, et peut-être à vous-même.

Ce dernier espoir me décida. —
» Mais comment partir de cette étable
» sans être aperçu, lui dis-je. Deux
» guérillas sont encore à notre porte.
» —J'ai pensé à tout, repartit le père,
» l'instant est propice; c'est dans cette
» étable que sont placées les mules et
» les outres qui suivent la troupe. Je
» sais que Grégorio, notre valet, gar-
» çon naïf, doit conduire deux outres
» de vin, au détachement qui est en
» embuscade au pont de *Santa-Croce.*
» Mon avis est que vous vous placiez
» dans une de ces deux grandes outres
» vides. Nous y ferons une petite ou-
» verture pour que vous puissiez res-

» pirer. Le bât de la mule sera chargé
» d'avance et Grégorio n'ayant plus
» qu'à partir, quand il viendra ce ma-
» tin à la pointe du jour, vous se-
» rez hors du camp avant l'aurore.
» — Fort bien ! lui dis-je ; mais en
» raze-campagne, comment sortir de
» l'outre et me délivrer de mon sur-
» veillant ? — Prenez ce couteau,
» me dit Dolores. Arrivé sur la mon-
» tague, vous le passerez par l'ou-
» verture qui vous laisse respirer ;
» puis vous fendrez l'outre dans sa
» longueur, et en sortant rapidement
» le couteau à la main, soyez sûr
» que la surprise et la terreur du
» naïf Grégorio, vous permettront
» de fuir lestement. Le reste dépend
» de votre courage et de votre agili-
» té, ainsi je suis tranquille.

J'embrassai avec transport cet ange
tutélaire ; puis, tournant mes regards
vers l'asile d'Emma, je ne pouvais me

résoudre à la quitter, même pour assurer ses jours. Cependant la raison et
les instances du père Dolores me dé-
terminèrent. Nous nous mîmes à l'œuvre et nous déchargeâmes une des
outres pleines ; Je me glissai quoique
avec peine dans une outre vide, que
le bon père relia avec le plus grand
soin, après avoir pratiqué de concert
avec moi et du côté du bât, une petite
ouverture pour me faire respirer.

La position était fort incommode ;
mais que ne peut le désir de sauver ce
qu'on aime ! Le plus difficile, le plus
périlleux, était de charger le bât de
la mule : car alors il fallait appeler
un guérillas, ou supposer que le père
Dolores serait assez fort pour soule-
ver le tout avec Grégorio. Nous en
étions à ces réflexions inquiétantes,
lorsque Grégorio frappa à la porte.

» —Ouvrez père ! disait-il, il est jour,
» il est tems que je parte pour San-

» ta-Croce. « Le père ouvrit. — Ah !
» ah ! dit Grégorio, le bât est chargé !
» comment pourrai-je le placer sur
» ma mule ? Je vais appeler Mattar-
» tuto ( c'était le plus terrible
» des guerillas), il fumait sa cigarre
» sous ce citronier : je vais l'appeler.
— Silence ! dit père Dolores. « il
» dort à présent et tu sais bien que
» quand on le réveille mal à propos,
» il est terrible. — Çà, c'est vrai, il
» m'a donné cent coups de corde
» l'autre jour ; eh bien ! je vais cher-
» cher un de vos gardiens. — Lui !
» quitter son poste ? y penses-tu, je
» vais plutôt t'aider, quoique le far-
» deau soit bien lourd. — Bah ! ja-
» mais vous ne pourrez. — Laisse-
» moi faire. O mon Dieu ! disait à part
» le bon père ; donnez-moi la force
» nécessaire pour ne pas trahir leur
» victime. »

Ils se mirent à l'œuvre ; mais par

malheur Grégorio voulant toujours se
placer vers l'outre où j'étais, il m'eût
senti, en la soulevant et tout était
perdu.—Passe de ce côté, dit le père
Dolores , c'est le plus lourd. —
« C'est le plus lourd? Alors ça sera
» donc mal chargé ? faut remplir da-
» vantage de vin , la seconde outre.
Et déjà le manant se disposait à ouvrir et m'aurait aperçu, lorsque le
père Dolores renversant adroitement
le broc de vin , ôta la possibilité de
songer à remplir mon outre. Grégorio
se résigna donc , en grondant, à sou-
lever le tout avec le pauvre père. —
« Courage , père ! nous y voilà ! un
» un peu plus haut sur la mule! » Le
bon Dolores faisant de vains efforts
et laissant toujours retomber le fardeau , allait nous trahir. Ainsi balot-
té , heurté et dans une impatience invincible, je ne pus m'empêcher de
jurer à demi-voix contre cet incident.

— *Santa Maria !* vous jurez ? père
» Dolores ! s'écria le niais, en se si-
» gnant; voilà la première fois. Vous!
» un si saint homme ! vous êtes donc
» bien changé? Encore si c'était le
» père Ambrosio, à la bonne heure !
» — Que veux-tu, mon enfant! le
» plus prudent pêche malgré lui : dit-
» il en me poussant, courage ! —
» Dieu vous punit, vous voyez bien
» que ça ne va pas. Tout va tomber.
» — Non, mon ami, non. Mon Dieu!
» donne moi la force : tu vois le fonds
» de mon cœur et la pureté de mon
» intention. » A l'instant le bât se
trouva placé.

— » Ah ! vous voyez bien qu'une
» prière fait mieux qu'un juron, et
» un juron en français encore! dit
Grégorio, » ces maudits Français:
» ah! si jamais j'en trouve un, gâre à
» lui! je vous le dis, gâre à lui...

— « Bien ! mon ami, bien! il est

» tems de partir, hâte-toi. » Le père Dolores le bénit, et Grégorio fit sortir la mule. Je fus heurté si lourdement contre le coin de la porte étroite de l'étable, que je faillis en être étouffé, mais je sus me contraindre, et nous passions dans le chemin creux du vallon, prêts à sortir du camp, lorsque j'entendis *Matartutto* qui arrêtait Grégorio en lui demandant où il allait. — « Porter ce vin » aux camarades de Santa-Croce, lui répondit-on. — « Est-il bon ? Je veux » en goûter, » et ce disant, il allait ouvrir l'anche ou robinet de bois de l'outre où j'étais placé. Par bonheur elle se trouvait en dessus, il fut obligé d'aller à l'autre outre, il en tira le liquide, et ne trouvant pas le vin bon.— « *Vino del diavollo !* s'écria-t-il ; puis en jurant, il prit son sabre pour en percer les outres, lorsque Grégorio le supplia de ne pas l'exposer à être pendu, puisqu'on croirait qu'il avait vendu le vin.

J'en fus donc quitte pour cette nouvelle frayeur, et Mattartuto nous laissa passer, en disant qu'au surplus c'était assez bon pour les camarades de *Santa-Croce* qui ne le valaient pas.

Nous gagnâmes pays, quoique je fusse rudement secoué par une mauvaise mule qui rua ou s'abattit cinq ou six fois et faillit me briser la tête contre un rocher à sa dernière chute. Enfin n'y tenant plus, et sentant par le pas égal de la mule, que nous étions arrivés sur le plateau de la montagne que le père Dolores m'avait indiquée, je fendis alors, quoique avec assez de peine et malgré le fil aigu de mon couteau, l'outre dans presque toute sa longueur. Puis me redressant aussitôt debout, le couteau à la main sur le bât, le pauvre Grégorio crut voir le diable prenant son essor et se jeta à genoux.

Je m'élançai à terre avant qu'il fût revenu de sa frayeur, et le saisissant à la gorge, je lui annonçai que s'il ne criait point, il aurait la vie sauve; mais qu'au premier guérillas que j'apercevrais, c'était fait de lui. Grégorio à demi mort de frayeur, promit tout ce que je voulus. Je jugeai néanmoins à propos de le garotter avec les cordons des outres, et le laissaut ensuite avec le bât, au milieu du chemin, je sautai à poil sur la mule et la poussai le plus vîte que je pus sur la route de Burgos.

Le plus difficile était de m'orienter dans un pays qui m'était inconnu. Mais l'habitude des reconnaissances militaires, me donna la faculté de saisir bientôt ma direction, et quoique forcé le plus souvent de prendre des chemins détournés, j'eus assez de bonheur pour parvenir le deuxième jour à Burgos, d'où je gagnai Valdès, quartier général des alliés.

Mais je ne pus rejoindre que le soir lord K.... logé à deux lieues du quartier général avec lord C***t, son ami, qu'il ne quittait jamais.

Je lui fis connaître aussitôt la position effrayante de sa fille. Il me reçut d'abord avec une froideur et un éloignement marqués; mais le récit de l'affreux danger d'Emma, des services que j'avais été assez heureux pour lui rendre, l'adoucit; il me remercia et demanda aussitôt un détachement pour voler à la délivrance de sa fille. Il l'obtint aisément par le crédit de son ami lord C***t, commissaire accrédité.

Je le pressai en vain de me permettre de l'accompagner, il me refusa constamment; mais sur l'observation que je lui fis de la nécessité de me prendre au moins pour guide afin de le conduire droit au repaire caché des guérillas, il fallut bien qu'il con-

sentît à ce service, qui répuguait toujours à son systême à mon égard.

Nous nous mîmes sur-le-champ en
route, et lord K... nous adjoignit le
capitaine Barmer, qui l'avait suivi
depuis la guerre d'Allemagne et qui
le quittait peu. Il s'était fait employer
dans cette vue, au quartier-général
des alliés. Le capitaine parut demi-
charmé, demi-affligé de me retrouver
ainsi. Peut-être l'espoir était-il rentré
dans son ame au sujet d'Emma? et
cependant il ne pouvait qu'être satisfait que je l'eusse sauvée, quel que
fût le choix futur de l'objet de notre
amour.

« —Bon jour, messer général! me
» dit-il; mais je crains que nous ar-
» river trop tard pour sauver le pauvre
» miss. — Pourquoi, m'écriai-je? —
» Tous les rapports disent que les
» Guérillas avaient redoublé les
» cruautés depuis les retraites de

» l'ennemi. De tout côté, il nous
» vient des récits épouvantables. La
» Castille, l'Estramadure, l'Arragon
» être un théâtre d'assassinats. Incen-
» dies partout; massacre général, et
» la fille de l'intendant de Tolède
» avoir été, dit-on, outragée et mas-
» sacrée horriblement. »

Ce récit me fit frémir. Je n'osai
avouer au lord K...., que sa fille
avait été prise, en effet, pour celle
de Casa-Flores. Etait-ce le bruit de
sa capture ou de notre événement
qui avait accrédité celui-ci? ou était-
ce un nouveau malheur, arrivé depuis mon départ? Dans ce doute
cruel, je n'osai interroger le capitaine, et me bornai à presser lord K...
d'accélérer notre arrivée. Au reste,
il n'en avait pas besoin. Le cœur d'un
père est aussi énergique, aussi in-
quiet que celui de l'amant le plus
tendre, et la même nuit nous arrivâmes à Valdès.

Notre arrivée subite , avec cent cavaliers , faillit engager une escarmouche contre les Guérillas ; mais nous étant bientôt fait reconnaître , nous allâmes droit à la hutte de Torillos. Il était absent avec Ambrosio , et ils s'étaient dirigés au hameau *del Cadavero.* Ce nom qui rappelait tous leurs assassinats , nous fit frémir. Nous courûmes à cet antre de douleur et de crimes. Comme nous y arrivions et sortions d'un petit bois d'oliviers, nous entendîmes des cris de femmes. Un nouveau pressentiment nous glaça d'horreur.

Nous précipitons nos pas. Il était tems ! grand dieu ! quel tableau s'offrit à nos yeux ! Emma demi-évanouie, tombée entre les bras de Betty. Le père Ambrosio présentant le crucifix à l'infortunée fille de lord K..., et de l'autre côté Mattartutto et deux des plus terribles guérillas , prêts à égorger ces malheureuses victimes, ou à leur faire de plus sanglans outrages.

Nous précipiter sur eux comme l'éclair, fut notre mouvement général. J'eus le bonheur d'arriver le premier : et, détournant le coup fatal que portait Mattartutto, je fus assez fortuné pour sauver une seconde fois les jours de celle que j'adorais. Lord K..., le capitaine Barmer, et les plus lestes de notre détachement, achevèrent de désarmer les guérillas en petit nombre qui faisaient cette horrible exécution. Enfin lord K.. s'étant fait connaître à Torillos pour le père de la victime, et comme un personnage très-influent près des commissaires des alliés, celui - ci fut forcé d'abjurer son erreur au sujet d'Emma, et de se constituer son défenseur.

Le père Ambrosio, tout en levant les yeux au ciel, se rejeta sur les apparences entièrement contraires à Emma, sur la certitude que Casa-Flores avait eu une fille du même âge, élevée au couvent de Santa-Maria ; motif qui avait exaspéré la troupe.

Je me dispensai, pour le moment, d'apprendre à lord K... les motifs horribles de persécution du lâche Ambrosio, contre l'innocence et la pudeur. Je sentais l'impossibilité de démasquer cet homme, sans entrer en guerre ouverte avec les *guérillas*, qu'il gouvernait et aveuglait entièrement. J'engageai seulement lord K... à prévenir toute surprise et toute trahison de ce furieux, en emmenant sur-le-champ sa fille, et reprenant avec notre détachement, la route de Vittoria. Mais je ne pus m'éloigner sans embrasser le père Dolores ; j'en demandai la permission à Torillos et au père Ambrosio. — Ce traître n'est

» plus avec nous, répondit Ambrosio.
» Il a été conduit, en Navarre, à Mina
» qui lui apprendra à protéger les
» ennemis de son pays. — Il n'a pro-
» tégé que l'honnêteté et l'innocence,
» et vous en voyez la preuve en ren-
» dant Emma et son défenseur à vos
» propres alliés. »

Cette réponse, sans réplique, ne fit qu'exciter dans Ambrosio une fureur concentrée et un roulement d'yeux, semblable aux éclairs précurseurs de l'orage.

Lord K... lui-même, à qui Betty demi-morte encore de frayeur, parlait bas, sentit la nécessité de supprimer toute discussion, et de nous éloigner de suite. Nos cent cavaliers bien armés en imposèrent au moine furibond; et malgré ses vains efforts pour échauffer encore sa troupe, il fallut qu'il vît éloigner Emma, et renfermât la rage intérieure qui le dévorait.

II.                          10

Nous retournâmes en hâte à Vittoria. On fit en route une espèce de litière à Emma et à Betty accablées de fatigue et d'émotions ; et pendant ce tems , nous questionnâmes Betty sur ce qui s'était passé depuis mon évasion.

« — Dès qu'on se fût aperçu de
» votre départ , dit-elle , par le retour
» de Grégorio , qui accusa le père
» Dolores de cette prétendue trahi-
» son , une fureur générale s'empara
» de la troupe , quoique vous ne fus-
» siez plus considéré précisément
» comme ennemi , et qu'il y eût du
» doute sur votre mission. On cher-
» cha partout le père Dolores ; mais
» ce saint homme , ayant prévu cette
» persécution et l'impossibilité de
» faire désormais quelque bien , s'é-
» tait enfui dans les montagnes avec
» l'espoir de se jeter parmi les Gué-
» rillas de l'Arragon , et d'y sauver

» quelques nouvelles victimes. Par
» malheur, son grand âge et ses in-
» firmités ne lui avaient pas permis
» de faire beaucoup de chemin. Il
» fut rejoint, saisi et ramené à la
» troupe avec des traitemens atroces.
» Traîné par ses cheveux blancs,
» meurtri de coups, il ne répondait
» que par ces mots : *J'ai sauvé l'in-*
» *nocence ; c'est servir Dieu et mon*
» *pays.* Enfin il ne dut la vie qu'aux
» sollicitations d'Emma, dont la voix
» angélique avait encore tout pouvoir
» sur l'infernal Ambrosio.

» Ce dernier, au surplus, pré-
» voyant bien que votre fuite serait
» suivie d'un prompt retour pour lui
» arracher sa victime, a tout tenté
» pour décider Emma à accepter
» l'offre qu'il lui faisait. Il lui a répété
» que, passant désormais au service
» de S. M. le roi d'Espagne, avec
» rang de colonel, et même pouvant

» aller aux Indes avec ce grade, si
» elle le préférait, Ambrosio était un
» époux digne de son choix, et qu'il
» ne voyait pas que ce parti pût être
» mis en balance avec une mort iné-
» vitable pour elle, en cas de refus.

——» Vous avez vu mon pouvoir, ajou-
» tait-il, c'est vous, vous-même qui
» avez causé la mort de Casa-Flores.
» Je l'eusse épargné sans vos cruautés.
» C'est vous qui auriez causé encore
» la fin tragique du comte de ***. Ces
» supplices, je l'avoue, ont été or-
» donnés successivement pour vous
» prouver mon empire, et vous ef-
» frayer sur votre propre sort. Il est
» tems ; décidez-vous. Plus de délai.
» Vos défenseurs peuvent arriver ;
» mais il sera trop tard. Acceptez ma
» main, et partons à l'instant pour
» Porto, avec les trésors que je pos-
» sède, ou dans une heure, vous
» n'existerez plus. Prononcez.

» Emma, constamment prosternée
» aux pieds de l'Eternel, dans ces
» momens d'outrages et de persé-
» cutions, pour toute réponse, a pris
» le bréviaire du moine, qui se trou-
» vait sous ses yeux, et s'est mise
» à réciter les prières des agonisans,
» avec une voix angélique et mêlée
» de larmes, qui eût attendri le cœur
» des êtres les plus féroces.

— « Vous lisez les prières des agoni-
» sans? s'est-il écrié. Eh bien ! soit...
» mais songez-y, cette agonie peut être
» affreuse, épouvantable.

—«Hélas! me traiterez-vous plus mal
» que Casa-Flores? a repris l'infortu-
» née. Je ne réclame que votre pitié.
» —Prenez-y garde, je puis vous livrer
» plus qu'à la douleur et à la mort. —
« O ciel! ô mon Dieu ! s'écria Emma.

— « Oui, ce que vous refusez au
» mariage, à la passion, à un époux
» enfin, peut être arraché par l'inso-

» lence de mes gens, si je vous aban-
» donne. — Miséricorde éternelle !
» s'est écrié l'ange terrestre.— « Que
» serviront alors vos refus et vos dé-
» dains ? Songez-y..... un seul mot... »

» L'infortnnée Emma, partagée en-
» tre ces deux horribles perspectives,
» n'a pu résister à cet excès de mal-
» heurs ; elle s'est évanouie de nou-
» veau. Tantôt, à son réveil, elle vou-
» lut déclarer à la troupe entière les
» vues secrètes d'Ambrosio, tantôt
» se précipiter sur des armes et cher-
» cher la mort. Mais l'inutilité de cet
» aveu vis-à-vis des furieux disposés
» à profiter de sa position et de sa fai-
» blesse ; d'autre part sa religion et sa
» piété s'opposaient à ces divers partis.

» Dans cette perplexité horrible,
» Ambrosio est revenu ; mais sans en-
» trer, il a parlé à Mattartutto le scé-
» lérat, et à deux autres guérillas de
» manière à être entendu d'Emma.

— « Oui, disait-il, mes amis, je vous
» la livre dans une heure. C'est le di-
» gne prix de vos travaux. — A
» chaque mot, Emma sentait le poi-
» gnard du supplice et de la honte,
» pénétrer dans son cœur. Elle de-
» mandait au Ciel une prompte
» mort qu'elle n'osait se donner, et
» de la soustraire au plus horrible
» des malheurs, lorsqu'on est venu
» annoncer qu'un gros de troupes
» alliées paraissait sur la montagne.
» C'était vous ! la crainte de voir
» échapper sa victime, à engagé Am-
» brosio à presser le moment déci-
» sif, pour obtenir d'Emma son aveu,
» son départ avec elle, ou se ven-
» ger de ses refus. Enfin on venait de
» nous entraîner au ravin *del cadave-*
» *ro* quand vous êtes accourus à notre
» secours.

Un tel récit nous fit frémir d'horreur. La confusion et le tremblement

d'Emma ne confirmaient que trop la vérité des paroles de Betty. Toute vengeance devenait inutile, malgré la fureur du noble lord, et nous pressâmes notre marche. Je voulus en route rappeler adroitement à mylord, mes premiers sentimens et mon malheur, il éluda toujours sa réponse; mais pressé plus directement, il me répondit enfin : — « Je rends grâce à votre » générosité, à votre courage ; mais » ce ne serait point avoir sauvé ma » fille, que de la donner à celui qui » causerait inévitablement sa mort par » son abandon et son inconstance. Je voulus en vain le combattre sur ce point. « — Vous ne sauriez me con- » vaincre, dit-il ; votre cœur peut être » bon, généreux ; mais le plis de l'infi- » délité est pris ; rien ne saurait l'effa- » cer. » J'objectai l'âge, la raison, l'ex- périence et mes derniers malheurs. — « Ceux-ci, dit-il, je l'avoue, sont l'effet

» de la noble, de la vraie galanterie.
» Ce sont aujourd'hui ceux d'un preux
» chevalier, et je suis loin de les blâ-
» mer; mais rentré dans le monde,
» reviendront de nouveau pour vous,
» les plaisirs, les séductions et l'incons-
» tance : n'en parlons plus.

J'essayai en vain de répliquer, il piqua son cheval et courut au galop rejoindre la litière.

Le capitaine Barmer, toujours amoureux comme je m'en apercevais encore, épiait dans les regards de lord K. ses dispositions, et il dût en être satisfait en le voyant s'éloigner de moi, et remarquant ma consternation par suite de ce refus.

Soumis aux projets de lord K.. malgré ma douleur profonde, j'eus soin de ne pas approcher d'Emma dont les regards me dédommageaient parfois des efforts de ma pénible discrétion. Cependant, témoin de mon afflic-

10.*

tion , elle me fit dire par Betty » de
» ne pas me décourager ; que sa recon-
» naissance et ma conduite fléchi-
» raient tôt ou tard son père ; enfin
» que j'eusse à mériter de nouveau sa
» confiance par mes services. et ma
» moralité.

L'espérance luisait encore dans mon
ame ; et je voyais le bonheur en perspective , lorsqu'un accident affreux
vint me plonger dans la plus horrible de mes infortunes, et me montrer
tout entier, le fléau d'une renommée
trop galante.

Nous arrivâmes à Pampelune , que
l'armée alliée avait déjà dépassée , et
trois jours après nous fûmes sur les
terres de France en Béarn.

Quelques partis de basques se for-
mèrent alors dans les montagnes.
Braves, agiles, intrépides , la plupart
sortis des anciennes armées victorieuses de la France , ces bandes de-

vinrent dangereuses, au point que l'armée alliée ne jugea pas devoir descendre trop avant du côté de Lourdes et d'Orthez, sans avoir nettoyé ses flancs de ces partis inquiétans. J'avais demandé du service : ayant commandé des Tyroliens et possédant l'expérience de la guerre de montagne, on me chargea de cette opération.

Le capitaine Barmer, aide de camp du général anglais y fut envoyé aussi avec des dragons légers et des tirailleurs; la mission était reconnue pour très-périlleusse. Je devais le soutenir avec quelques escadrons et rester en réserve près de lui en me rapprochant de Lourdes.

Nos périls pressans et nos anciens malheurs rétablirent notre intimité, au point que Barmer me remit en chemin un porte-feuille assez important pour ses héritiers, disait-il. Il me recommanda expressément en cas qu'il périt dans ces affaires de partis, de le faire tenir à l'état-major. Je plaisantai un peu sur ce sombre et ridicule pressentiment; et nous faisions la reconnaissance d'un vallon étroit, en avant de nos deux troupes, à une distance assez grande d'elles, lorsqu'un coup de carabine tiré d'un buisson, blessa mortellement le capitaine à la poitrine. Il n'eut que le temps de me dire, «— *J'etouffe! je suffoque!* et de déboutonner son uniforme, sous son hausse-col : il expira dans mes bras en luttant avec force contre une mort inévitable.

Sa troupe arriva dans le moment, et le vit se débattre ainsi entre mes bras dans sa pénible agonie. Cette troupe n'avait remarqué ni coup, ni fumée; elle n'avait pas même entendu le bruit de la carabine. Elle était commandée en outre par le jeune fils de lord Vest.... dont la mère m'avait fait susciter l'affreux procès par lequel j'étais exilé de Londres. Ce jeune officier qui m'avait voué une haine profonde, par suite de l'éclat qu'avaient fait cette anecdote scandaleuse et ce procès, parla bas à sa troupe et parut m'accuser de cette mort inattendue et inconcevable.

J'étais seul, j'étais étranger et rival du capitaine Barmer, que lord K.... semblait adopter pour gendre préférablement à moi. J'étais en butte à la haine du jeune Vest....! que de motifs pour rejeter sur moi d'injustes soupçons !

En effet, la peine que me causait la mort subite du pauvre capitaine, les soins que je lui rendais en vain, rien ne put contenir l'humeur de sa troupe poussée par le jeune commandant, et qui d'ailleurs chérissait son chef, le capitaine défunt. On osa articuler l'expression *d'assassin*. L'indignation que j'en ressentis me fit faire un mouvement pour tirer l'épée contre le jeune Vest... Dans ce geste, le porte-feuille du capitaine glissa de mon sein, et ce dernier incident acheva de faire tomber sur moi les soupçons de tous au sujet de cette fin tragique. Car le nom du capitaine était gravé sur ce porte-feuille.

En vain j'expliquai la remise que le capitaine m'avait faite de cet objet de confiance. Tout s'était passé sans témoins ; cette remise, sa mort, ses dernières paroles; et ici le préjugé, la moralité et l'opinion publique allaient devenir les seuls juges. C'est ici surtout quon verra les horribles résultats de la légèreté et de la funeste inconstance : car je fus ramené au château de Lourdes, où était le quartier-général des alliés ; j'y revins, entouré d'un peleton de cavaliers, observé et contenu comme un criminel.

Le jeune capitaine Vest... ne manqua pas d'aller sur-le-champ faire son rapport à son père , un des lords commissaires anglais et adjoint de lord C..., ami de lord K. Lord Vest..., toujours furieux que j'eusse échappé à l'indemnité de dix mille livres sterlings à Londres, et surtout irrité du scandale que cette affaire galante , dont j'étais d'ailleurs très-innocent, avait causé , ne manqua pas d'adopter avec empressement ces délations , et d'en faire une accusation formelle près du général de l'armée alliée. Ainsi, les moindres apparences deviennent des réalités près des gens prévenus ou offensés secrètement.

Lord K..., lui-même , que j'invoquai, fut très-froid dans ma défense, et, par suite de cette funeste galanterie , avança hautement que l'immoralité était capable de tout : comme si l'amour délicat, quoique fréquent, pouvait être confondu avec la débauche, dont le noble lord avait si souvent donné des preuves.

Lord K... devint donc, par le fait et malgré mes services rendus à sa fille, un troisième ennemi réel par son indifférence qui semblait un aveu positif ou du moins un soupçon de mon crime.

Ainsi se grossissait déjà la liste de mes accusateurs par ceux mêmes que j'avais obligés : tant l'irritation est commune et dangereuse sur cette matière.

Ce fut bien pis quand le général de l'armée alliée, ébranlé par ces demi-preuves, ne voulant pas faire juger un ancien officier français par ses conseils de guerre, et surtout pour éviter toute réclamation de la cour de Vienne, considéra cette affaire comme une accusation d'assasinat commis sur terres de France. Il jugea

ainsi à propos de me renvoyer par-
devant les cours criminelles du
royaume, dans la première ville im-
portante où nous nous trouverions.

D'après cette décision, je fus conduit à la suite de l'armée en état
d'arrestation véritable, malgré mes
nombreux services rendus, et malgré
la présomption de mon innocence
pour tous autres que pour des gens
prévenus ou irrités.

Je m'aperçus bientôt que le général de la division anglaise qui me
traînait à sa suite, avait donné des
ordres pour me traiter avec plus de
rigueur. Je demandai le nom de ce
nouveau général, et je ne fus point
surpris de ce procédé, en apprenant
que c'était le général major H... que
j'avais vu à Londres chez lady Vest...;
et qui, en rival peu délicat, ayant
entendu le propos flatteur de milady,
sur mon compte, l'avait noté, et m'en

faisait payer le souvenir cruellement.
Quatrième ennemi.

Enfin , l'armée alliée entra dans Toulouse à la suite d'une bataille où les Français se couvrirent de gloire , mais durent céder d'après la nouvelle de la capitulation de Paris. Les commissaires anglais me remirent à la disposition des tribunaux , avec les pièces d'accusation , et surtout avec le terrible porte - feuille , principale charge contre moi.

Mon innocence me rassurait ; mais en vain le souvenir d'Emma et son opinion personnelle devaient me calmer : l'incertitude m'accablait, et il m'était impossible d'obtenir des nouvelles à ce sujet.

Jeté dans les prisons de Toulouse, je vis bientôt grossir l'orage formé sur ma tête : car, à peine cette aventure et cette accusation furent - elles connues, que de tous les coins de la

France et même de l'Europe arri-
vèrent des charges, des témoins, des
ennemis, directs ou indirects, avec
mission de vengeance.

Pour comble de malheur, le pro-
cureur-général se trouvait justement
être M. D... de Se..., l'époux paci-
fique, en apparence; mais furieux,
au fond, de l'inconstante Julie D...
Il tressaillit de joie à la nouvelle de
mon prétendu crime, et se proposa
bien de m'appeler enfin en duel à
l'échafaud.

J'appris, en outre, que parmi les
conseillers de la cour, se trouvait le
beau-frère de madame de Valstein,
morte en Tyrol, par suite de son intrigue malheureuse avec moi. La famille avait étouffé ce bruit dans le
tems; mais le beau-frère de la dame,
homme très-vindicatif, et établi dans
le département du Haut-Rhin, venait
de refuser la charge de conseiller à

Dijon , pour avoir le plaisir de me juger et me condamner à Toulouse.

Ce fut bien pis quand vinrent les témoins à charge. Pas un époux , un parent outragé qui n'arrivât la bourse pleine, pour en acheter à tous prix... D'abord pour les cavaliers anglais, mes ennemis, ils en eurent bon nombre : car, moyennant quelques guinées et des gallons de rhum, tous prétendaient avoir vu l'assassinat. Les gendarmes qui me gardaient, se mirent même de la partie. L'un d'eux était neveu du père Mallet de Sens , et cousin de Louise , folle à l'hospice de cette ville. Un autre se rappela que j'avais jadis eu des liaisons avec sa sœur , étant en garnison à Metz ; et voilà soudain cette troupe entière d'argus tournée contre moi. De plus, le geolier se trouva être un Allemand, sujet du prince de H..., père d'Alexiéna. Il avait appris mon histoire en Pologne , et il reçut des recommandations ironiques de Gormann et de Nersdof à mon égard. Enfin je ne pouvais faire une démarche, un pas, sans trouver un cousin ou petit cousin d'époux ou de pères irrités, avec mission spéciale de me persécuter.

Le beau-frère de madame de Valstein, pour mieux diriger sa vengeance, refusa l'office de rapporteur et d'instructeur de mon affaire; mais il en chargea un de ses amis, homme facile à prévenir, vieillard hautain et qui, trompé publiquement par sa femme, avait à venger l'honneur du corps.

Je m'aperçus bientôt, et aux premiers interrogatoires, des intentions perfides de cet homme. Son air ironique et sombre, sa fureur concentrée, annonçaient une longue suite de vengeances à exercer. Et cependant, pour peu qu'il eût su ce qui se passait chez lui, il eût dû commencer par mettre en jugement son cher ami, le beau-frère de madame de Valstein, qui était publiquement l'amant de sa femme. Ainsi va le monde : certains tartuffes, en hermine, tonnent publiquement contre les vices qu'ils pratiquent dans l'ombre ; et, dans plus d'un salon, nos conseillers galans foudroient en paroles, l'immoralité générale, tout en cherchant à séduire la femme d'un ami, beauté pudique, qui applaudit à leur chaste éloquence, en leur serrant la main ou en glissant un billet. Je m'aperçus trop tard que le crime est dans le scandale et dans l'humiliation de l'époux, plus que dans le fait même ; mais alors tout dépend du hasard ou de circonstances involontaires, pour l'homme le plus délicat et le plus prudent.

Cependant mes ennemis acharnés

pressaient l'instruction de mon affaire. Le beau-frère de M. de Valstein
surtout ne laissait pas respirer le vieux
rapporteur; d'autant que, pendant
son absence, ce conseiller si moral
en était plus libre auprès de l'épouse
du juge. Je ne retracerai point tous
les détails insidieux de l'interrogatoire
d'un vieillard prévenu, à prétention,
et furieux au fond de l'ame, contre
tout être accusé de plaire au beau
sexe. Il ne manqua pas de trouver
contre moi les preuves les plus fortes,
de dresser son enquête, et de faire
porter un acte d'accusation en
formes.

C'était peu, en un mot, des actes
de vengeance directs ; il semblait
qu'on voulût me faire avaler le calice
goutte à goutte. Un soir, après la retraite du rapporteur, je trouvai à terre
un papier ; je le lus.

« — N'imaginez pas, y disait-on,

» que le vol et l'assassinat soient les
» seuls crimes dignes de mort; non.
» Ravir l'épouse, la félicité du pro-
» chain, est un délit plus noir, plus
» cruel souvent que celui qui nous
» ravit la fortune et il mérite le même
» châtiment infligé par les lois, la
» haine publique, et la justice cé-
» leste. »

Ainsi mes ennemis voulaient non
seulement consacrer l'injustice; mais
me bien persuader que j'étais frappé
uniquement pour assouvir leur vengeance.

Elle ne tarda pas à s'exécuter. Malgré la défense la plus éloquente de
mon avocat, malgré l'énergie que je
déployai dans un plaidoyer bref et
plein de vérité, la sentence de mort
fut portée, et je vis une joie concentrée se peindre dans les traits des
nombreux adversaires que renfermait
cette enceinte.

Je fus reconduit en prison avec
des précautions qui annonçaient la
prochaine exécution de la sentence
fatale. Abîmé de douleur et las enfin
de l'injustice des hommes, je me ré-
signai à mon triste sort, et fis demander un confesseur.

On m'annonça presque au même
instant, qu'un moine espagnol se pré-
sentait et demandait avec instance à
me voir. Je le permis, et je vis aussitôt dans mes bras le généreux père
Dolores. On juge si je reçus avec tendresse, avec vénération, ce digne
bienfaiteur, et si j'épanchai dans son
sein la profonde affliction qui m'accablait. — « Je ne doute point de votre
» innocence, mon fils, me dit-il;
» mais la masse de vos ennemis est
» si grande, et l'aveuglement des
» hommes est tel, que votre condam-
» nation semble un arrêt céleste, une
» punition de vos infractions des

» noeuds sacrés de l'hymen, si sou-
» vent outragés par vous. Mon fils,
» la morale est tôt ou tard vengée.
» Le ciel vous accable ici pour vous
» faire grâce dans l'éternelle vie : et
» c'est encore une faveur qu'il faut
» mériter par la résignation et la
» piété de vos derniers momens. »

Je déposai dans son sein l'aveu de
mes fréquentes erreurs. Je reçus sa
bénédiction et me sentis plus soulagé
après cet acte de piété et de soumission
à la vengeance divine.

Je lui demandai ensuite comment
lui-même avait échappé à ses persécuteurs. — « Hélas ! mon fils, le ciel
» a jugé à propos de me laisser encore
» vivre et souffrir. Je suis moins heu-
» reux que vous. Echappé à Torillos
» et livré à la troupe de Mina, qui
» avait quelque discipline, ce chef,
» qui voyait plus en grand ses opé-
» rations, n'a pas jugé que des actes

» d'humanité de ma part fussent des
» crimes irrémissibles ; mais crai-
» gnant néanmoins que ces mouve-
» mens généreux en faveur des en-
» nemis ne me fissent classer parmi
» les *affrancesados*, il m'a donné
» les moyens de gagner les fron-
» tières. »

» Je suis arrivé depuis peu à Tou-
» louse, où la nouvelle subite de
» votre fâcheuse aventure m'a fait
» accourir pour vous offrir les der-
» nières consolations.

Comme je remerciais le vénérable
vieillard de sa touchante bonté et de
son zèle soutenu pour les malheureux, le geolier lui fit un signe et le
père me quitta. Le geolier le reconduisit, et à l'instant il fit entrer par
une autre porte, une sœur de la charité, dont le voile ne me permit pas
d'abord de distinguer les traits ; mais
quand nous fûmes seuls et que je

m'attendais à l'offre de ses soins pieux.

« —Je viens vous mettre en liberté,
me dit cette femme singulière et
énergique, en jetant son voile ; » re-
» connaissez votre ancienne amie
» Julie D***. Mon époux est acharné
» contre vous avec une injustice faite
» pour révolter les cœurs les plus
» indifférens, jugez ce qu'éprouve
» celle qui à causé cette haine et
» jadis vos malheurs. Hélas ! sans
» doute, suis-je la cause de vos infor-
» tunes, en vous ayant inspiré par
» ma conduite légère, une opinion
» funeste sur le compte des femmes;
» opinion qui a influé sur toute votre
» vie; je dois vous en dédommager,
» vous sauver. J'ai vendu mes dia-
» mans. Monsieur D*. ignore que je
» suis à Toulouse J'ai gagné le geo-
» lier à qui trente mille francs assu-
» rent un sort après sa fuite ; partez
» cette nuit, cher comte, et souve-

» nez-vous de mon amitié plus que
» de mon amour. »

Je remerciai tendrement la généreuse Julie, qui m'avait déjà sauvé en
Turquie et je lui rendis grâce de ses
projets pour mon évasion. — « Mais
» je n'en profiterai point, lui dis-je. Je
» suis entièrement abattu, dégoûté de
» la vie par l'injustice des hommes,
» et par la mort de mon fils ; je ne
» veux pas conserver l'existence au
» prix de mon honneur, en accrédi-
» tant par mon évasion, l'accusa-
» tion du crime d'assassinat. »

Elle insista en vain ; prières, larmes tout fut inutile.

— « Quoi ! vous voulez mourir, et
» mourir diffamé, mon ami ! Mais
» quoi ! rien ne peut-il vous justi-
» fier ? Pas un témoin ! — Tous
» sont contre moi, jusqu'au porte-
» feuille même. — Un porte-feuille !
» dites-vous ? Et l'a-t-on ouvert ? —

» Non , il est fermé à ressort à secret
» et déposé au greffe. — Ciel! et si
» ce porte-feuille même vous justi-
» fiait ? Si quelque chose prouvait
» qu'en effet il vous fut confié à l'ar-
» mée ! mon ami! mon ami ! de-
» mandez la révision de votre af-
» faire au général anglais. Réclamez-
» vous d'un conseil de guerre au
» moins pour l'ouverture du porte-
» feuille. On ne peut vous refuser
» cet acte de justice. »

Cet avis fut un trait de lumière.
J'écrivis à l'instant même au général,
avec noblesse, avec force ; je demandai l'ouverture du porte-feuille,
et d'y être présent.

Julie , ravie de cette idée me
quitta pour reprendre ses vêtemens, et aller attendre, ou plutôt
être témoin de l'issue de nos espérances.

Le lendemain même, je fus con-

duit à une salle basse de l'hôtel qu'occupait le général en chef, à Toulouse. Les juges criminels s'y étaient
rendus; l'état-major des alliés, les
nombreux témoins de cette étrange
affaire remplissaient toutes les ave-
nues. Je fus introduit. En vain les
avocats adverses voulurent alléguer
que ce porte-feuille était une pro-
priété sacrée des héritiers. Le capitaine Barmer était né aux Indes, ses
parens étaient inconnus, et il n'en
avoit reconnu aucuns de son vivant.
La justice pouvait donc agir ici
en toute liberté. On ouvrit le porte-
feuille, ou plutôt on brisa le secret
avec des peines infinies, car c'était un
secret du fameux ouvrier Renolds.
On vide ce porte-feuille, et parmi
une foule de notes originales qui
toutes attestaient l'esprit singulier du
capitaine, enfin, au milieu de reconnaissances et d'effets au porteur pour

des sommes immenses , on trouva un billet cacheté et à mon adresse.

Surprise générale et premier mouvement d'inquiétude parmi mes ennemis ; joie pure des spectateurs.

On ouvre ce billet. Un aide-de-camp du général en chef en fait la lecture à haute-voix : on entend ces mots.

— » Le comte de G..... est mon » rival ; c'est un inconstant, un li-» bertin peut-être ; mais c'est un » homme d'honneur : je l'ai éprou-» vé en mainte rencontre. Si je re-» viens, contre toute attente , de » l'expédition périlleuse où l'on » m'envoie, il me rendra ce riche » dépôt ; et je le mets aux pieds de » l'adorable Emma, en la deman-» dant pour épouse. Si je péris , j'en-» tends, je veux que le comte de » G*** hérite de mes trésors , qu'il » enrichisse par là, celle que j'ai tant

« aimée et pour laquelle j'ai couru les
» mers. Je veux qu'il répare ainsi la
» ruine totale de lord K. qui, tout
» en moralisant, a dissipé des biens
» immenses avec des courtisanes.

» Indulgence réciproque ici bas!
» bienfaisance et confiance aux gens
» d'honneur!

» Déposé pour ces causes dans les
» mains du comte de G***, ce 7 juil-
» let 1814.

» *Signé* le capitaine BARMER. »

Rien n'égale la surprise où cette
lettre plongea l'assemblée entière.
Ici, des juges confus, des témoins
confondus, et tous ces misérables
qui avaient vu, entendu ravir le porte-feuille, démentis solennellement
par l'écrit du capitaine! là, l'état-
major stupéfait, et dans son flegme,
regardant ironiquement lord K.,
dont la conduite cynique, tout en
blâmant la mienne, n'était que trop

connue. Enfin la grande majorité des spectateurs ravie de joie, proclamant mon innocence, et lançant des sarcasmes contre ces prétendus juges et juris, arbitres *infaillibles* de la vie des hommes et démontrés ici, par le fait les plus lâches, les plus partiaux, les plus sots des êtres.

Je fus reconduit à mon hôtel avec une espèce de triomphe ; mais rien ne dédommage des anxiétés de l'honneur et surtout de l'amour. Je souffrais cruellement de me voir poursuivi ouvertement par la haine, et toute la fortune du capitaine Barmer ne me paraissait qu'un faible dédommagement de tant de chagrins qu'elle m'avait causés.

Cependant quand je vins à réfléchir que cet héritage inattendu, pourrait peut-être me rendre plus digne d'Emma, devenue presque sans bien ; et qu'elle me devrait ainsi l'opulence si

nécessaire à son rang, après m'a-
voir dû deux fois la vie, j'attachais
alors un grand prix à cette fortune.
D'autre part, la publicité de la lecture de la lettre du capitaine, en
ébruitant la ruine et le libertinage
du noble lord, devait nécessairement l'indisposer contre moi, et le
fortifier dans son système négatif à
mon égard.

Je ne l'éprouvai que trop. Lord K.
malgré un violent accès de goutte
dont il était dévoré, accès qui le saisit plus violemment à la suite de cet
arrêt et du désagrément public qu'il
en essuya, lord K. entra dans une
fureur inconcevable contre Emma.
Il l'accusa d'être la cause de la diffamation qu'il recevait de la part de
Barnier. Il lui défendit expressément
d'accepter ses bienfaits directement
ni indirectement, en pensant à s'u-
nir à moi.

Betty vint m'apprendre en secret cette douloureuse détermination, et me confier les alarmes et la pénible situation d'Emma. Je lui remis une lettre pour miss, où je l'engageais, tout en gémissant, à se soumettre pour l'instant aux volontés cruelles de son père ; mais où je reclamais sa promesse formelle de me conserver l'espérance d'un nœud qui fixait ma destinée, espérance que ma conduite et les événemens me donnaient lieu de concevoir.

Je saisis cet intervalle pour voler à Siégen, dans le pays de Nassau, embrasser ma famille après une si longue absence et tant d'événemens malheureux.

Mais je ne quittai point Toulouse sans m'être assuré des moyens de correspondre avec Emma, que l'excès de nos revers avait attachée secrètement à mon sort, quelle que fût l'obstination de ses parens.

Un mois après mon arrivée à Siégen, j'appris que lord K., par suite de ses longs voyages outre mer, ou plutôt de ses fréquentes débauches, avait senti s'aggraver ses infirmités, au point de voir ses jours menacés ; que sa goutte, combinée avec des maux plus anciens et moins avouables, avait remonté vers les parties nobles, et menaçait de l'étouffer à chaque instant. Je sus que la tendre et constante Emma lui rendait les soins les plus en dres ; mais n'en recevait pour remercîmens que la défense formelle de songer à moi. Un billet de la jeune miss à ce sujet me plongea dans une affliction cruelle..

Je reçus peu après une lettre de Betty, qui m'annonçait la fin subite de lord K... au moment où il dictait son testament. Ses dispositions de fortune avaient été faciles à faire , puisque sa ruine était consommée ; mais au récit de Betty , il n'en finissait pas moins son dernier acte testamentaire par ces mots positifs : *Je défends formellement à ma fille de.....* Lorsqu'un accès convulsif et un étouffement subit avaient terminé son sort et son ordre énigmatique.

Je volai sur-le-champ à Toulouse, après avoir réalisé et assuré à Londres toutes les bases de la fortune immens que me laissait Barmer et réuni ce qui me restait de mes biens personnels.

La profonde douleur de la céleste Emma ne lui permit pas de me recevoir avant le tems consacré à ses regrets filials. Elle était logée dans le même hôtel que madame J. D. de S. qui m'avait proposé de me sauver de la prison et d'y sacrifier une partie de sa fortune. Cette ancienne amie, cause de mes premiers chagrins, semblait avoir pris à tâche d'adoucir tous ceux qui me surviendraient dans le cours de ma vie; et sa généreuse amitié saisit encore ce moment pour s'approcher d'Emma, plaider ma cause et me tenir au courant de tout ce qui se passait pendant cet espèce d'exil.

Je parvins enfin à voir ma tendre Ecossaise, non chez elle, mais chez une amie de M^me. J. D. Le souvenir de mes services, de sa vie sauvée deux fois, avait peine à balancer dans cette ame pure et soumise, celui de la défense du lord. Six mois s'écoulèrent dans cette lutte continuelle de l'amour et de la reconnaissance contre les préventions et la mémoire d'un père obstiné. Les instances spirituelles de madame D. avaient peine à triompher. En vain elle appuyait

sur la sensibilité de mon ame., malgré ses fréquentes erreurs. Toujours
l'angélique Ecossaise se rejetait, quoique avec douleur, sur ses craintes,
et sur le testament de son père, quoique non terminé. — « Je connaissais
» ses intentions, disait-elle. « Cette
» défense est la seule qu'il m'ait in-
» timée jamais, et mon respect doit
» deviner et achever son arrêt
» cruel. »

Malgré l'ascendant que prenait
en secret sur elle la spirituelle madame D..., en lui insinuant adroitement « que la fin étrange et peu édi-
» fiante de son père prouvait même
» en ma faveur, et que ma galante-
» rie, quoique blâmable, était bien
» préférable aux excès de certains
» cyniques ; » Emma n'en persistait
pas moins dans sa douloureuse ré-
sistance. Heureusement la religion
même vint à notre secours. Emma

avait été élevéedans le sein de l'église catholique, car sa mère était Espagnole. Le père Dolores venait souvent me voir. Il jouissait de son ouvrage en nous voyant sauvés. Il avait été témoin de nos affreux tourmens près des Guérillas, et ce saint homme croyait n'avoir rien fait encore, s'il ne rapprochait, par un nœud sacré, deux êtres qu'il avait vus si long-tems réunis par le malheur.

Il prit, par ce motif, un ascendant pieux sur l'esprit d'Emma qu'il avait défendue dans ses intérêts les plus chers, pour une femme délicate. Le cœur de la tendre Ecossaise plaidait vivement en ma faveur; ses scrupules seuls la retenaient encore. Le père Dolores, dont la piété et la vertu-pratique étaient si admirables, ne lui fut donc point suspect en lui affirmant : — « que les préventions » d'un père, et surtout d'un père

» égaré lui - même dans une autre
» route d'erreurs, ne pouvaient la
» lier à jamais; que sa propre félicité
» était ici à consulter; et que sa vie
» étant mon propre ouvrage, son
» existence et sa vertu même, sau-
» vées par moi, m'appartenaient en
» quelque sorte ; qu'enfin le ciel,
» après nous avoir fait survivre à tant
» de malheurs communs, semblait
» nous avoir, par cela même, desti-
» nés l'un à l'autre. »

L'éloquence d'un vieillard sublime
et sans passions est bien puissante sur
de jeunes cœurs qui brûlent d'être
persuadés ! Emma, pressée à-la-fois
par la religion, l'amitié et l'amour,
se rendit enfin à mes instances; mais
il fut arrêté que la célébration de notre hymen se ferait à Bordeaux, sans
éclat. Toutes les volontés, et même
les scrupules d'Emma furent délica-
tement respectés. Miss Palmer, vint

rejoindre son amie et assista à notre mariage en formant le vœu sincère qu'Emma vît réaliser ses longues espérances par notre félicité réciproque.

Hélas! ce vœu a-t-il été rempli? Une année s'est écoulée depuis cette union tant desirée. Retiré du service d'Autriche, avec un grade élevé et des décorations éminentes, ma fortune immense, un rang distingué, la considération publique, enfin la beauté, la vertu d'une épouse charmante, tout semble fait pour réaliser le songe du bonheur. Eh bien! ce songe ne s'est pas accompli. Le ciel a voulu prouver que les succès dans le monde, par des voies immorales, sont des sources de calamités privées. La méfiance, la jalousie se sont emparées de mon ame inquiète. Tous les souvenirs des moyens de galanterie, employés par moi, me semblent aujourd'hui dirigés contre

moi-même. Visites, billets, spec-
tacles, jusqu'aux regards, tout m'est
suspect; parce que tout fut suspect
pour mes plaisirs. Enfin l'innocence,
la candeur de mon épouse, ne me
rassurent point. Elles me semblent
au contraire des titres à sa faiblesse
et à l'erreur, si elle rencontrait un
homme adroit ou dangereux comme
je le fus. Cent fois témoin de ses
larmes amères, je me précipite à
ses pieds en m'écriant : — « Juge-
» moi, adorable Emma ! je suis
» forcé nécessairement d'être le plus
» méfiant ou le plus avantageux et
» le plus ridicule des hommes ;
» avantageux, dis-je, odieux à l'excès,
» si je crois avoir eu le privilége de
» la séduction : méfiant, si je dois
» penser avec raison, que tout autre
» peut avoir même succès auprès des
» femmes, et même de la mienne. »
Ainsi les succès immoraux enfantent

la mésestime d'un sexe faible et pur
quand nous ne l'égarons pas. Ainsi
les plaisirs illicites portent avec eux
leur châtiment, non-seulement par
la haine de la société, mais par les
chagrins intérieurs.

Que de tristes événemens l'ont
prouvé dans cette union tant desirée.
Je passe sous silence mille détails,
cruelles preuves de mes injustices involontaires, pour retracer brièvre-
ment les plus révoltantes.

Six mois après mon mariage et notre arrivée à Paris, j'apperçus sur les
boulevards le jeune Valstein, avec
lequel j'avais eu ce duel funeste à
H***, et qui s'y était conduit d'une
manière si généreuse envers moi. Ce
brave jeune homme nous suivait chaque fois que nous sortions. Il me regardait ainsi que mon épouse, avec
une attention si suivie, si affectueuse,

que ma jalousie s'alluma au dernier
point. — « C'était ainsi, me disais-
» je, que je convoitais jadis les beau-
» tés qui m'avaient frappé. Je les sui-
» vais, les lorgnais sans cesse. Cet of-
» ficier a sûrement quelques projets
» de vengeance nouvelle; je saurai
» m'en assurer. »

Je découvris bientôt qu'il voyait
souvent en particulier madame Julie
D***, amie intime de mon épouse:
Dès-lors, nouveaux soupçons plus vifs
encore. — « Oui, me disais-je, les
» femmes ne se voient, ne se cher-
» chent et ne se chérissent que pour
» des services réciproques. Je l'éprou-
» vai et en profitai souvent. Julie D***
» me trompa jadis. Elle fut galante,
» elle employa les bons offices de ma-
» dame B***; donc elle protégera à son
» tour les intrigues de ses amies. Telle
» est la succession des rôles de galan-
» terie. »

Frappé de cette idée cruelle et fausse, je continuai mes observations secrètes. Lettres de mon épouse, sorties du matin, tout fut mal interprété par moi ! Emma, l'innocente Emma, bien loin de se douter de mes soupçons, quoique mon humeur fut continuelle, ne pouvait combattre mon aveuglement. D'ailleurs, son caractère silencieux et concentré était malheureusement peu propre aux explications. Tout concourrut donc à allumer ma jalousie et mes soupçons, jusqu'au moment qui devait me confondre.

J'arrivai un jour inopinément et avec éclat chez madame Julie D***, au moment où le jeune Valstein venait d'y entrer. Je l'avais aperçu, et la voiture de ma femme était à la porte. Je ne doutai plus alors d'un rendez-vous, ou au moins d'une entrevue

préparée par une officieuse amie. Je
parvins dans le salon comme un furieux et avant qu'on eut pu m'annoncer. J'y trouvai en effet le jeune Valstein prêt à se jeter aux pieds d'Emma :
quel tableau pour moi ! madame Julie
D*** en m'apercevant, fit un cri, s'é-
lança au devant de moi, et la surprise
universelle dut me plonger dans un
état plus cruel encore.—« Voilà donc
» le prix de l'amour le plus tendre
» m'écriai-je ; voilà le résultat d'une
» passion enfin couronnée après tant
» de sacrifices.... je vous admire,
» madame, dis-je à Emma, avec une
» profonde ironie. Quant à vous, com-
» plaisante amie ! je n'attendais pas
» moins de vos anciens principes,
» dis-je avec fureur à Julie D***. —
» Insensé ! s'écria-t-elle, quand mille
» services que j'ai été assez heureuse
» de vous rendre, ne prouveraient
» pas en faveur de mon cœur et de

» mes principes en amitié , pensez-
» vous que la vertueuse Emma pût
» changer en un jour? Croyez-vous
» que le jeune Valstein , ce modèle
» de nos jeunes gens, pût vouloir....
» — Vouloir ce que j'ai voulu cent
» fois ! madame. — Parce que vous
» fûtes un être sans frein. — Et lui ,
» un phénix d'honneur, n'est-ce pas ?
» — Oui, monsieur. — Et c'est ce
» que vous répétiez à Emma ? — Ce
» qu'elle sait comme moi. — Je le
» crois. C'en est trop ! Valstein a voulu
» séduire mon épouse pour venger
» son père ! mais ce fer.... »

A ces mots, je m'élançai sur lui,
l'épée à la main. Emma , par ses
alarmes, augmentait ma fureur ; mais
Valstein, sans se mettre en défense ,
ne dit que ces mots : — « Ah ! mon-
» sieur, que le ciel vous punit cruel-
» lement ! vous outragez la vertu, et

» vos erreurs ne vous permettent
» même pas de reconnaître son sa-
» cré caractère. — Laissez-le, lais-
» sez-le dans ses infâmes scupçons
» s'écria madame Julie D***, il le
» mérite. »

Emma, presque évanouie, ne pouvait rien expliquer. — « Voyez,
» voyez, m'écriai-je, la confusion de
» mon épouse, et cette défaillance,
» suite ordinaire de la honte d'une
» femme surprise! Ah! c'est ainsi
» que je les vis toujours en pareil
» cas. On espère attendrir ainsi un
» époux offensé.... mais.... — Mal-
» heureux! n'outrage pas l'innocence!
» s'écriait Julie D***, et si ta fatale
» expérience t'aveugle sans cesse,
» garde ses tourmens pour toi seul;
» pour vous, tendre et malheureuse
» Emma! taisez-lui la vérité, il est
» indigne de l'entendre. — Courage,
» madame, repris-je, voilà le digne

» rôle des confidentes ? je le sais ; in-
» terdisez-lui adroitement une justi-
» fication impossible , c'est l'usage :
» vain artifice ! c'en est assez, mon-
» sieur, dis je avec plus de force et
» de fureur à Valstein, sortons. »

Ce brave et digne jeune homme,
tout en larmes, aurait dû m'éclairer
par son état touchant. Partagé entre
le désir de secourir Emma et la nécessité de me suivre, il hésitait, lorsqu'un cri de douleur d'Emma , qui
cherchait à me retenir, augmentant
ma rage et mon erreur, je saisis Valstein, et l'entraînais malgré les cris
de tous les assistans. Aussitôt la porte
du salon s'ouvre, et nous montre un
vieillard vénérable accablé d'infirmités. Il était vêtu de noir; ses longs
cheveux blancs couvraient ses épaules.
Le jeune homme se précipite en ses
bras, et je reconnais, qui ? le brave,
l'héroïque, le vertueux Valstein père !

— « Achevez, monsieur, » me dit ce vieillard, avec une noblesse et une sensibilité au dessus de toute expression. « Arrachez-moi encore » mon fils, après m'avoir ravi mon » épouse. » L'aspect de ce vieillard infirme et affaissé par le malheur me saisit. Je crus voir un vieux cyprès du Tyrol, couvert de neige, brisé par l'orage et glaçant tout ce qui l'environne. Je demeurai pétrifié ; mais revenu à moi, je criai à M. de Valstein :

— « Et si votre fils avait cherché à » vous venger par des voies aussi blâ- » mables ? — Impossible ! répondit-il, » il a vu vos malheurs mérités, les » sentimens affreux que vous inspiriez, » ce fut assez pour le détourner à » jamais de cette voie méprisable. — » Mais sa jeunesse ? — Fut surveillée. » — Ses principes ? — Sont les miens. » — Les passions ? — Se tournent » au bien quand l'ame est pure. —

» Que fait il donc en ces lieux ? — Il
» fut mandé par Emma elle-même.
» — Vous l'entendez, madame, dis-
» je alors à Julie D***. »

Emma s'apprêtait à parler, après
être revenue de son évanouissement,
lorsque M. de Valstein s'écria : —
» Je le vois, le ciel frappe ici l'immo-
» ralité où elle a frappé ! trop heu-
» reuse encore que sa blessure ne soit
» qu'apparente. Apprenez, monsieur,
» que le prétendu crime d'Emma est
» un acte de justice. Apprenez que
» j'ai été dépouillé à 70 ans, d'une
» grande partie de mes biens, par
» l'affreux procès, suite de vos excès.
» Emma a su que ma première épouse,
» la mère de ce jeune homme ( dit-il,
» en montrant son fils, ) était une
» proche parente du capitaine Bar-
» mer qui vous a légué son héritage.
» J'enlevai dans mon jeune âge cette
» infortunée à sa famille , avant que

» Barmer fit une immense fortune aux
» Indes. Le Ciel m'a fait expier cruel-
» lement ma faute et ce rapt coupable,
» par les malheurs de mon second
» hymen.

» Silvina me fut ravie par la
» mort, avant d'avoir connu le sort
» brillant du capitaine; mais quel-
» ques indices trouvés par votre digne
» épouse dans les papiers de Barmer
» sur cette parenté, et le sort peu
» fortuné de mon fils, nous ont fait re-
» garder comme une usurpation l'ac-
» ceptation de l'héritage entier, au
» préjudice d'un parent. La délicate
» Emma, partagée entre la crainte de
» vous rappeler votre crime envers
» nous, et celle de consacrer une
» spoliation par son silence, délibé-
» rait avec une amie et les Valstein
» sur les moyens de s'en ouvrir en-
» tièrement avec vous, lorsque vo-
» tre arrivée inattendue a détruit

» son projet et converti en crime
» supposé un acte de pure bienfai-
» sance. — Ah ! acceptez cent, deux
» cents mille florins ! m'écriai-je,
» qu'est-ce que l'or au prix de la paix
» des familles ? — Que n'avez-vous
» toujours pensé ainsi ! me dit pro-
» fondément M. de Valstein, nous ne
» serions pas réduits à vous refuser.
» — Quoi ! refuser ? — Oui, soixante-
» dix ans, de nouveaux malheurs et
» mes infirmités cruelles n'ont pas
» éteint mes affreux souvenirs. Jamais,
» non, jamais, l'auteur de nos maux
» n'aura de droit à ma reconnaissance;
» mais voici l'acte de naissance de
» mon fils et de sa mère; il est cousin
» de Barmer, et je regarde ici comme
» une dette la restitution d'une par-
» tie de cet héritage. J'autorise en
» conséquence mon fils à accepter un
» partage à titre de droit, mais au-
» cun don quelconque. »

Malgré les répliques faciles à faire à ces prétentions plus naturelles que solides aux yeux des lois, j'étais si heureux de voir Emma justifiée, et justifiée par une bonne action, que je souscrivis sur-le-champ pour deux cents mille florins. Emma m'avoua alors qu'un don, plus flatteur encore peut-être, avait motivé ces entrevues secrètes. C'était la main de son amie, miss Palmer, qu'elle destinait au jeune Valstein. La fortune, la beauté et les vertus de cette amie mettaient le sceau à cette juste restitution ; et à l'instant, miss Palmer entrant, compléta ma confusion et la joie des assistans.

La délicate Emma se servit adroitement de cet incident pour n'occuper plus le cercle que des heureux qu'elle allait couronner, et non des infortunés que je faisais sans cesse. Nous nous séparâmes donc satisfaits les uns des autres, au vieux Valstein près, qui, malgré ma conduite généreuse, conserva ce ton de hauteur et de juste indignation d'un vieux guerrier outragé jadis, et à qui il ne manquait encore que la possibilité de combattre, pour m'y provoquer encore.

Cependant j'éprouvai ici ce que je sentis constamment au milieu de mes erreurs : c'est qu'une bonne action, un acte de justice consolent une ame égarée, et semblent une expiation agréable au ciel. En effet, je fus quelque tems paisible, et presque confiant dans la conduite de mon épouse; car j'étais et fus toujours tendre, aimant lorsque mes souvenirs jaloux ne m'égaraient pas. D'ailleurs Emma était enceinte. Ce fruit de notre amour était légitime : il ne produisait ni remords ni soupçons pareils à ceux que j'avais éprouvés et causés si souvent chez autrui. J'étais donc heureux; mais l'équitable ciel devait me donner, sur tous les points, les mêmes terreurs horribles que j'avais inspirées ailleurs.

J'ai dit qu'Emma était silencieuse et concentrée, autant par timidité que par système. Je lui avais reproché souvent cette réserve; c'était en vain : car quand elle souffrait de mes reproches, le silence lui devenait encore plus nécessaire par excès de sensibilité. Je lui proposais sans cesse le modèle de l'union du jeune Valstein et de miss Palmer, de leur confiance et de leur accord angélique.

« — L'innocence présida à leurs
» nœuds, me répondait-elle alors : ils
» furent sans torts : ils vivent sans
» soupçons : telle est la justice cé-
» leste. — Mais on peut les détruire,
» ces soupçons, par la franchise.—
» Et plus souvent en faire naître :
» puisque vous jugez toujours par
» les présomptions, et le passé plus

» que par le présent. » A ces vérités cruelles je ne pouvais que me taire et craindre pour l'avenir.

En effet, six mois après la scène des Valstein, et quelques transports de jalousie nouvelle que je supprime, j'étais avec mon épouse à l'Opéra. Je m'aperçus qu'elle lorgnait souvent dans une loge d'avant-scène, où je distinguais plusieurs Anglais. J'en vis un d'une figure très-remarquable, et qui paraissait de tems en tems sourire mystérieusement à Emma. La foudre me frappa à cette découverte.

Je me rappelai alors le bruit qui avait couru à Londres des assiduités d'un jeune lord près de miss K, dans mes longues absences. Je pensai que le regard bienveillant d'Emma était un souvenir de tendresse qui pouvait se renouer à Paris. Elle était mon épouse, il est vrai; elle m'avait préféré? soit; mais le passé, mais les occasions, qui pouvait m'en répondre? Cet anglais n'était-il pas plus jeune, plus beau que moi? d'ailleurs j'avais trompé tant d'époux, jadis adorés de leurs femmes! je crus donc mon heure fatale arrivée. Je crus cet anglais mon rival, et sans doute un amant ou prêt à l'être.

J'éprouvai alors, à mon tour, tous les tourmens concentrés des Valstein, de M^r. D..., etc. des époux sombres que j'avais outragés en ma vie. Mais d'ailleurs la grossesse d'Emma, la crainte extrême de lui causer quelque accident, surmontèrent mes transports jaloux pour le moment. Je dissimulai donc et me bornai à assiéger en particulier M^me Julie D... de mes sarcasmes et de mes plaintes amères sur la fragilité des femmes; mais cette cruelle amie indignée ne répondait que ces mots : — « Payez » à votre tour les frais de votre pré-

» tendue expérience : elle coûta si
» cher aux autres! »

Enfin l'époque de l'accouchement
de mon épouse arriva. Jusque - là
j'avais souvent aperçu l'Anglais soupçonné passer près de notre hôtel.
J'avais dévoré les fureurs secrètes
que son aspect m'inspirait, d'autant
plus que j'avais vu d'ailleurs porter
des messages mystérieux par la femme - de - chambre d'Emma. Mais partagé entre la honte d'avouer ma méfiance, si souvent démentie, et la
crainte de donner un coup violent à
mon épouse, déjà dans les douleurs
de l'enfantement, j'avais surmonté
ma colère, lorque l'époque de la joie
d'un père devint celle de ma plus
grande erreur et de la plus horrible
catastrophe.

Frappé de l'idée d'une ancienne
intrigue de ma femme avec ce jeune
Anglais pendant mes longues ab-

sences, et au moins avant notre mariage, le croirait-on? je reçus froidement en mes bras l'objet de notre
amour, un fils tant attendu, lorsqu'on me l'apporta à sa naissance. Mes
yeux avides, loin de se baigner des
larmes d'un tendre père, cherchaient
avec curiosité une ressemblance, des
traits d'analogie avec l'amant que je
soupçonnais, hélas! ainsi que j'avais
cherché tant de fois mes propres
traits dans ceux des enfans clandes-
tins introduits par moi dans les familles. Horrible vengeance céleste
qui empoisonnait ainsi pour moi le
moment le plus doux, le plus pur de
la vie! Mais je ne me bornai pas à
cette injustice, à un accueil froid, à
des caresses étudiées près de la divine Emma, qui, dans son innocence, ne concevait rien à ma froideur. Mes soupçons s'accrurent, car
j'interceptai un message de l'étranger,

qui demandait avec instance des nouvelles d'Emma. Des nouvelles! à pareil jour? quel trait de lumière épouventable pour un jaloux! Quelque tems après, quand les traits de mon fils s'éclaircirent, le hasard voulut que le jeune Anglais, lui-même, parut sous mes croisées. Il passait à cheval et au pas; aussitôt je le contemple avidement; je frissonne; je saisis mon enfant, et m'écrie avec rage: —
« C'est lui! plus de doute! Il est son
» père! Quelle ressemblance inouie!
» Malheureuse! tu m'as trompé! »
Emma, qui dut me croire fou d'abord, voyant mes yeux égarés et ma fureur extrême en ouvrant la croisée, imagina que je précipitais son fils par la fenêtre; elle pousse un cri horrible et s'évanouit, ou plutôt on la crut morte. — « Voyez, voyez, criaisje, tantôt la secourant, tantôt courant encore aux croisées, » voyez le père

» de cet enfant ! ses traits, sa che-
» velure, et ce mystère affreux qu'on
» m'a fait ; tout m'apprend mon mal-
» heur. »

M^me Julie D***, qui arrivait dans l'instant, après avoir donné les premiers secours à Emma, veut en vain s'opposer à ma violence : j'enfonce le secrétaire de mon épouse, je saisis ses papiers, un portrait... Grand Dieu ! indice plus frappant encore : c'est le portrait de l'Anglais ! ce sont les traits de mon fils, encore plus fidèlement retracés par la miniature ! Dans la dernière fureur, je présente ce portrait à mon épouse, alors sans connaissance ; je le presse sur ses yeux célestes baignés de larmes. Elle r'ouvre alors ces yeux ravissans, et elle baise le portrait. J'allais la poignarder dans ma rage, quand elle s'écrie, en pressant encore la miniature sur ses lèvres : — « Ah ! mon frère ! mon

» tendre frère ! tu m'avais prédit
» mon malheur : il me soupçonnera
» toujours.—Son frère ? m'écriai-je
» désespéré. —Oui, malheureux! dit
» M^{me} Julie D***, un fils naturel de
» lord K***, qu'Emma n'osait vous
» faire connaître, par respet pour
» la mémoire de son père. Sa ressem-
» blance avec Emma, dont votre
» fils est l'image, produit votre fatale
» erreur : car le frère et la sœur ont
» entièrement les mêmes traits ; mais
» rien au monde ne vous justifie de
» vos affreux soupçons. »

Frappé, anéanti d'une si horrible injustice, je me précipite aux genoux d'Emma, en osant lui reprocher ce mystère. — « Je respectais trop la mé-
» moire de mon père, pour la livrer
» à vos sarcasmes, dit-elle d'une voix
» faible.—D'ailleurs, ajoute M^{me} Julie
» D***, ce jeune homme, d'une mo-
» ralité et d'une philosophie rares,

» n'a que trop prévu le sort que vous
» réserviez à sa sœur. Il n'a pas voulu
» en être le témoin occulaire : il a
» fui votre société dangereuse , et
» s'est borné à surveiller vos excès.
» Puisse-t-il ignorer ce dernier!»

Elle n'avait que trop raison : la suite en fut horrible. Emma faillit mourir : la révolution qu'elle éprouva, la mit à deux doigts du tombeau. Honteux, désespéré, je promis de ne plus appliquer à l'innocence les souvenirs du vice, de respecter son repos , et de concentrer enfin mes craintes. Hélas! le pourrai-je?... Le ciel, le juste ciel m'a-t-il fait assez expier mes erreurs?... Non; il est inflexible, et l'équilibre universel réclame la peine du talion pour les coupables.

En effet, tous les personnages qui ont participé à mes erreurs, l'ont éprouvé plus ou moins. Séricour, retiré au château de F..., paraît dévoré des mêmes accès de jalousie que son ancien ami, et ses souvenirs galans deviennent des épouvantails pour l'hymen. Le père Ambrosio a été tué en duel, par un époux outragé, dans l'Amérique méridionale, où il avait passé comme colonel. La duchesse Alexiéna, malgré une passion estimable, sincère, la seule excusable peut-être par l'abandon d'un époux, a péri, comme on l'a vu, à la fleur de l'âge. Lady Vest..., madame de M***, la comtesse russe S...y, la comtesse de Hornberg, et toutes les femmes trop galantes que j'avais connues, voyagent en Europe, escortées par le mépris ou la satiété. D'autre part, les bons cœurs, les êtres estimables, sont heureux et chéris. Le prince de ***, malgré son grand âge, grâce à son insouciance, à sa bonté et à ses goûts peu romanesques, a survécu à tous les êtres passionnés ou pervers qui l'entouraient ; il fait le bonheur de ses sujets. M. de Valstein, à qui son monarque a rendu la liberté et moi la fortune, jouit en Tyrol de la haute considération due à la vertu et à ses malheurs immérités. J'ai uni Betty avec Tom, en leur assurant un sort heureux. Et le père Dolores enfin, après avoir refusé tous mes dons, autres que ceux du cœur et d'une tendre amitié, vient de rentrer dans sa patrie, chéri, vénéré de tous les partis. Il a été nommé à l'évêché de ***. Telle est l'issue certaine, quoique souvent tardive, des mœurs pures, de la bonté ou de l'indulgence.

Jeunes gens ! jeunes gens ! puisqu'il faut que votre printems ait quelques fleurs avant les fruits, tâchez qu'une galanterie modérée, aimable, attentive, modeste, et rare surtout, occupe les belles années de votre vie, qui doivent précéder un hymen assorti, seul bonheur durable ; mais soyez assurés qu'eussiez-vous un bon cœur, des sentimens généreux, et une probité intacte, l'inconstance prolongée mène inévitablement à la débauche, à la satiété, à la jalousie tyrannique ; enfin à la haine publique, ainsi qu'aux malheurs les plus inattendus et souvent les moins mérités...

D'après ce cruel pronostic, quel sera donc mon sort ? j'en frémis !..

. . . . . . . . . . . . . . . . . . . . . . . .

## Suite par l'Editeur.

Le comte de G... n'avait que trop prévu les malheurs qui devaient être la suite de son fougeux caractère et de ses passions invincibles. Voyant chaque jour la tendre Emma dépérir sous le poids de ses soupçons et après la scène terrible de jalousie, où il

faillit l'immoler, en osant soupçon-
ner que le fils qu'elle lui avait donné,
n'était pas plus à lui, que tant d'ê-
tres, fruits de ses erreurs, n'étaient
enfans légitimes : enfin le souvenir
perpétuel et déchirant de son fils
Edouard, mort de sa propre main à
Sens : tout fit sentir au comte de
G... l'impossibilité absolue où il était
de rendre heureux ce qui l'entourait,
et de goûter lui-même le bonheur.
Passionné ; mais bon et juste au fond
de l'ame, il forma le projet secret de
se retirer dans une solitude, et de
quitter un monde qui lui devenait
odieux. Après avoir fait des dispositions de fortune où il assurait la presque totalité de son bien à Emma, et
quelques legs à ses plus grands ennemis, il chercha en quel asile il pourrait être oublié ou du moins ignoré.
Il se décida pour la solitude des Trapistes réfugiés en Russie, près de
Mittau, et s'y rendit secrètement,

laissant toute sa famille dans l'igno-
rance de son sort.

Il y arriva, le 5 décembre 1815,
sous le nom du baron de T..., et fut
se jeter aux pieds du vénérable supérieur. L'abbé, qui le reconnut pour
l'avoir vu à Vienne, lui fit de vifs reproches sur son changement de nom.
— « Quels que puissent être vos mo-
» tifs, Monsieur, lui dit-il, rien sur
» la terre n'autorise à trahir la vé-
» rité. Supportez l'humiliation de vos
» horribles succès : vous avez de
» grands torts à expier, ne les aggra-
» vez pas par le mensonge. »

Le comte de G..., après avoir été
humilié en présence de ses frères, fut
admis aux épreuves, sous le nom de
frère Alexis. Les mortifications les
plus dures, les travaux de la patience
la plus opiniâtre lui furent ordonnés.
Son grand caractère et sa résignation
supportèrent tout : et l'on ne peut

mieux faire connaître la bonté et la force de son ame , que par quelques fragmens d'un reste de journal, trouvé dans sa cellule, après sa fin touchante. Le voici.

4 Décembre.

Que les passsions sont viles et honteuses à la vue de ces touchans cénobites, de ces sages, voués à la prière, à la charité, à l'oubli des erreurs de la terre. Tous m'ont jeté un regard de pitié et de consolation. Tous me disaient par ce regard silentieux : — « Ne connais plus que l'amitié : » c'est la seule passion de l'homme » digne de lui-même. » Tous enfin, un pied dans la fosse et les yeux au ciel, ont semblé soupirer ces mots funèbres : — » Travaille, creuse aussi ta » tombe : c'est là qu'on repose enfin ; » c'est là seulement que l'être passion- » né expie son crime et inspire quel- » ques regrets...» Des regrets! moi?...

Non ! nul ne versera une larme sur ma cendre ; et si le voyageur égaré vient errer dans ce désert , ce sera peut-être une de mes victimes : il maudira mon nom, il bénira la ronce qui me couvre , il la fuira avec horreur, et ses pieds ensanglantés fouleront ma dépouille avec joie.

15 Décembre.

Ma tête se calme, et mon sang ne fermente plus que pour l'amour du ciel et des hommes. Plaisirs de la terre ! festins ! ivresse funeste ! je vous préfère le pain des larmes et la cendre de ma couche : une faiblesse profonde, une mélancolie douce succèdent à la tempête des erreurs. O ! si l'homme du monde pouvait connaître tout le charme d'une conscience pure, d'une vie innocente, d'une espérance éternelle, sexe fatal ! tu serais sans pouvoir… Sans pouvoir ! que dis-je ? Pourquoi

donc, en traversant aujourd'hui l'é-
tang des sapins, y ai-je regardé mon
image?... Pourquoi ai-je frissonné
d'horreur en me voyant l'œil éteint,
le corps décharné, méconnaissable?
N'approchai-je pas plutôt du terme
des peines, des remords, des souvenirs déchirans? N'approchai-je pas
plutôt de ma victime, de mon vertueux fils? Arrête! il ne t'est pas permis de le désirer; souffre autant que
tu as fait souffrir, et ta tombe n'est
pas prête à s'ouvrir.

5 Janvier.

J'ai été dangereusement malade:
le changement de nourriture, quelques racines sèches abreuvées de mes
larmes amères, un sommeil rare,
coupé de songes affreux, de prières
continuelles, et surtout le spectre de
mon fils Edouard que je vois sans

cesse, ont épuisé mes forces. Le père abbé est venu me visiter ; il m'a tendu la main avec bonté, m'a observé, puis m'a dit : — « Courage, frère Alexis ! » vous n'êtes pas encore digne de » mourir : c'est un trop grand bon-» heur ! c'est le beau jour du Tra-» piste ! vivez, vivez longtems encore » pour le mépris et l'humiliation, et » supportez - les comme aujourd'hui. » Sachez que le prince S..., père de » la duchesse *Alexiena*, a passé par » ce désert. Il a visité l'église au mo-» ment où tous nos frères tintaient » tour-à-tour la cloche des ténèbres. » Quand vous avez passé pour sonner, » il a fait un cri d'horreur. — Dieu ! » *l'assassin de ma fille !* Et il s'est » enfui. — Mon père, ai-je ajouté : » si Valstein passe, il criera : *assas-* » *sin de ma femme !* c'est donc ici le » *tocsin du crime !* et il fuira aussi. »

Ils m'ont cru fou... Fou?...Non ; mais on doit le paraître, par l'enthousiasme de la douleur, et le désespoir qui m'anime... Quoi! le prince S... a passé!... Il m'a maudit sans doute?... Alexiéna! pauvre Alexiéna! ah! que tu es bien vengée!

Du

Le ciel m'a accordé un moment de repos, de bonheur... L'abbé est venu m'apporter une lettre de Dresde : elle est de Nersdorf. Comme il est changé! congédié du service du prince de*** qui a découvert ses intrigues, il est sans fortune, sans ressources, ainsi que Gormann. Ils ont appris ce que j'avais fait pour eux, malgré les précautions que j'avais prises pour le cacher. Le jeune fils de Nersdorf m'écrit de l'Institut des cadets de Dresde, où je l'ai fait placer en assurant sa pension. Gormann lui-même, pleure son erreur en acceptant mes bienfaits ; il les exalte trop. Pauvre Gormann! je n'ai jamais haï personne, et en ce moment même, je n'ai fait que mon devoir : vous étiez mes ennemis, je l'avais mérité. Qu'est-ce qu'un peu d'or, au prix du poids qui m'accable ? Ah! si l'oubli et le pardon pouvaient s'acheter! Bienfaisance! bienfaisance! ah! tu es le charme de la vie et le plus doux souvenir dans la solitude! Ces nouvelles coup sur coup ont empiré mon état de souffrance, et je n'ôse en remercier le ciel.

Du 15.

La fièvre diminue, et cependant un affaissement horrible me gagne; non, j'ai de la force, au moins dans mon âme. Allons à notre office, allons enlever encore quelques pelées de terre à ma sépulture. La place sera bientôt assez grande pour moi... Quel bonheur!... mais, hélas! peut-être la mousse verdâtre et l'humble paquerelle auront eu le temps de croître dans ma fosse avant que j'y descende.... Printemps si beau pour l'innocence! printemps si cruel pour le malheur! ah! ne soufle plus ta douce chaleur sur ma tombe, sur cet affreux vêtement de terre. Laisse-lui sa couleur sombre et son sang-froid glacial. Le crime doit-il s'endormir sur des fleurs? Allons, allons au travail du repos éternel. Emma! Emma! si tu m'aimais encore, ah! tu viendrais m'y aider....

Je rentre épouvanté, hors de moi! je l'ai vue, c'est elle! elle m'a entendu! une femme grande, svelte, vêtue de blanc a paru sur les rochers qui séparent l'abbaye du château de Czarko!... Comme mon cœur a battu sous mes flancs décharnés! J'ai suivi de loin cette femme divine à pas précipités, hors d'haleine, chancelant de frayeur à chaque pas.... frappé d'admiration et de terreur, je suis allé tomber aux pieds de la Croix des Buis. Si ce n'est pas Emma ! encore un crime ! j'aime !.... si c'est elle, si tu le permets, ô mon Dieu ! comment résister à son attrait invincible, à sa tendresse, à nos souvenirs?.... Parler ! on me chasse ; me taire, je meurs.... Non ! non ! il n'est que la tombe pour l'infortuné et passionné Alexis.

Du 17.

Je vis d'amour, de désirs, de délire! mon corps repousse tout aliment; je deviens un spectre vivant, et pourquoi des yeux de feu animent-ils mon corps défaillant? Où puisent-ils cette flamme dévorante? Emma, Emma! j'ai voulu me traîner jusqu'aux rochers où je t'ai apperçue hier ; je ne l'ai pu. J'ai prié mes frères de m'y porter, de m'y laisser mourir. —

« Est-ce un vœu saint ?... frère ! m'a-t-on dit avec piété. » — Un vœu saint ! ah ! malheureux ! dis plutôt un désir profane... une femme ! moi l'avouer ici ? Leur faire horreur ! non il a fallu me taire, cacher ma tête dans la cendre, et la baigner de mes larmes honteuses ; châtiment horrible ! n'oser même avouer que je regrette une épouse, un fils ! Emma me cherche sans doute, elle a soupçonné, deviné ma retraite, et je mourrai sans l'avoir revue.... sans qu'elle recueille.........

Ici finit le journal. Depuis ce moment, le malheureux frère Alexis, n'osant violer la règle austère des Trapistes, mourant d'ailleurs d'épuisement et de douleur de ne pouvoir se transporter vers Emma, n'a pu prendre la plus légère nourriture. Il s'est éteint le 19 janvier, avec les sentimens de la plus solide piété et d'une profonde résignation. On a exposé son corps, suivant l'usage, dans l'église des Trapistes, sur la cendre ; et le son de la cloche funèbre a attiré quelques fidèles des environs. Une dame étrangère était du nombre. Aussitôt la porte ouverte, elle s'est élancée ; mais en appercevant le corps du défunt, elle est tombée évanouie contre la grille, en s'écriant : *c'est lui* ! On l'a conduite au château voisin, où elle était arrivée depuis huit jours. Chacun assure que c'est la comtesse de G.. on a eu bien de la peine à la rappeler à la vie et à la lui faire supporter. On lui a enfin amené son fils, un jeune enfant d'un an, qui était resté à Mittau. Cette vue seule l'a ranimée et l'a décidée enfin à conserver l'existence. — Mon fils, mon fils ! s'est-elle écriée : — « oui, je m'immolerai, je » vivrai pour toi, pour te parler sans » cesse du fléau de la séduction, et si tu » es tenté jamais de t'égarer dans

» cette voie funeste, je te rappel-
» lerai ton malheureux père, je
» t'amènerai à sa tombe, aux Trapis-
» tes de Czarko.

FIN.